いのちは誰のものか

仏教思想に人間を問う

山崎龍明 編著

西本照真・高橋審也・本多靜芳

武蔵野大学出版会

まえがき

「いのちは誰のものか」といった問題は、仏教の根本の問題であるといってもいいと思います。言葉を変えていえば、「私とはなんなのか」ということです。しかし、これほどむずかしい問題もありません。私は「なんのために生まれてきたのか」「なんで生きていかなければならないのか」「なぜ自ら死を選んではいけないのか」といった問いに答えられる人は、あまりいないと思います。

私も学生諸君からよくこのような問いをうけますが、自分でも満足のいく言葉がでてきません。しかし、正直にいって私は「このような問いの答えを捜すために私は生きている」といえます。その過程で素晴らしいことに気づかされたり、また、深い悩みにとらえられたり、挫折したりしながらこんにちまできました。これからもこのことの連続だと思います。人間は生涯何かを求めていく存在です。その中でまたよろこびにもであえるのではないでしょうか。「いのちは、それを愛そう、愛そうとしている者のものであって、それを傷つけよう、傷つけようとしている者のものではない」（ブッダ）という言葉があります。本書を通して読者の皆様とこのことを考えていきたいというのが私たち執筆者の願いです。

二〇〇七年四月八日

執筆者代表　山崎龍明

いのちは誰のものか――仏教思想に人間を問う❖目次

第三章　親鸞の生涯と思想に人間を学ぶ

第一章　ゴータマ・ブッダに教育を学ぶ

三宝塔（武蔵野大学構内のモニュメント。三つの灯が「仏・法・僧」の三宝を表し、四本の柱がボサツの「度・断・学・成」の四つの願いを表している）

一　近代日本の代表的仏教学者
――高楠順次郎の教育論

生涯について

高楠順次郎《たかくすじゅんじろう》先生（幼名、沢井梅太郎。一八六六―一九四五、武蔵野大学学祖《がくそ》）は広島県に生まれました。慶応二年五月十七日のことです。広島は仏教の信仰、特に浄土真宗の熱心な土地柄です。慶応二年は明治維新の二年前であり、新しい時代の幕開けを迎えようとしていた頃です。

十五歳の時に郷里の宮内小学校の教師に就任し、二十歳の時、京都の普通教校（現・龍谷大学）に入学して次第に頭角をあらわしていきました。

特に、有志と共に反省会という会をたちあげ、禁酒、進徳運動の中心的存在となりました。この時の機関誌が『反省会雑誌』といわれるものですが、のちにこの雑誌は高楠先生の提言により『中央公論』となりました。それは、現在刊行されている月刊誌『中央公論』

の前身です。

雑誌創刊と前後して高楠先生は高楠霜子《しもこ》と結婚しました。一八九〇年、二十五歳の時、イギリスのオックスフォード大学に留学し、マックス・ミューラー教授に師事することになりました。以後七年間勉学に励み一八九七年帰国しました。この間、ドイツのベルリン大学、キール大学、ライプチッヒ大学などで多くの研究者との交友を得たようです。

帰国後、東京帝国大学（現・東京大学）に迎えられ梵語《ぼんご》を講義することとなりました。以後、定年で退職するまで三十年間、インド学仏教学の中心的存在として、研究と人材育成に輝かしい業績を残しました。

高楠先生は八人のお子さんに恵まれましたが、七人のお子さんが次々に亡くなるという深い悲しみを経験しました。高楠先生の八十年の生涯は文字通り波瀾の人生でした。次々と亡くなる子供との別れの中で先生は、

無常迅速《じんそく》の世相と知れと、身を以って、父母に教えた愛子《あいし》は父母の師である。善知識《ぜんちしき》である。

と書き、次男の八十男《やそお》が一歳半で亡くなった時には、「八十男は我が子ではなかった。父母に無常を教えた菩薩《ぼさつ》である。仏《ぶつ》である。少なくとも我が子に対しては真実の善知識であ

ると考えた」と書いています。

ここには、自分の子供でありながら、父母に「いのち」のはかなさ、尊さを教えようとした偉大なる師（善知識）である、という仏教の精神の再確認がみられます。先生は涙の中でこの言葉を記したに違いありません。

学校創立と西本願寺

一九二四年（大正十三）一月、高楠先生は新しい学校の創設を発表しました。三月、東京築地《つきじ》本願寺境内《けいだい》に日本赤十字社震災救護院跡を譲り受け、各種学校、武蔵野女子学院を創設し、院長に就任しました。前年の大正十二年は、未曾有《みぞう》の被害を出した関東大震災があり、東京の中心部が灰燼《かいじん》に帰した中での創設でした。

高楠先生五十九歳の時ですが、女子大学創設の考えはかなり以前からありました。女性に男性と同等の教育の機会を与え、社会をリードするような女性の育成をしたい、というのが先生の考えでした。

高楠先生が教育に情熱を燃やした一因として、留学したイギリスの個性教育があげられます。ひとりひとりの個性を尊重した人格教育、それが高楠先生の理想でした。

一九三〇年（昭和五）三月、新築校舎が東京・保谷村に完成しました。京都の西本願寺が所有していた土地を譲り受け、その地に武蔵野女子学院が誕生したのですが、学校建設のために西本願寺は多大な援助を惜しみませんでした。

当時、国宝級といわれた「西本願寺本三十六人集」の一部を売却し、それを学校建設の資金の一部に充《あ》てました。内藤湖南《ないとうこなん》、黒板勝美《くろいたかつみ》といった当時の文学者が「名もない学校設立のために貴重な文化財を売却することは断じて許し難い」と非難しました。騒ぎが大きくなった時、西本願寺の大谷尊由《おおたにそんゆう》師は「高楠先生に聞いてほしい」と答え、先生は、「教育のためですからやむを得ません」と決然と述べておられることが、当時の新聞に見られます。実に高楠先生らしい言葉ですが、ここには高楠先生の教育への強い情熱がほとばしっています。

世紀の大事業、大蔵経の編纂

築地本願寺の校舎から当時雑木林であった現在地（西東京市）への移転による生徒数の激減などの辛苦《しんく》の中、武蔵野女子学院は院長高楠先生のもと教職員一丸《いちがん》となって、理想の教育に邁進《まいしん》しました。先生は東京外国語学校校長、東洋大学学長、千代田女子専門学校校長などを通して教育にかかわり、朝日賞、文化勲章等を受章し、第二次世界大戦が終局を迎えた一九四五年（昭和二十）六月二十八日、終戦を知らずに八十歳の生涯を閉じられました。武蔵野女子学院ではこの日を雪頂忌《せっちょうき》（雪頂とは高楠先生の号で、ヒマラヤのことです）と称して毎年学校の代表者、学生代表が築地本願寺和田堀廟所《びょうしょ》（杉並区和田堀）の本堂と墓前に参詣《さんけい》しています。

高楠先生の学問的業績について詳しく述べる余裕はありませんが、先生が人生のすべてをなげうって完成させた、世紀的事業といってもよい『大正新脩《しんしゅう》大蔵経』全百巻（図像部を含む）の刊行はぜひ記しておかなければなりません。インド、中国、日本の代表的な仏教文献を集めた一巻平均約一千頁におよぶ大冊です。

一九二四年から十年、日本中の仏教学者、研究者が高楠先生のもとに集まって完成したものです。今、世界的な仕事といわれる英訳事業が行なわれ、現在三十四巻が刊行されています。このほか『南伝大蔵経』『ウパニシャッド全書』の編纂《へんさん》もされました。

高楠先生の滅後、戦後の混乱期に第二代学院長鷹谷俊之《たかがいしゅんし》師は大変なご苦労のなか学院をまもり、発展させました。食料にもことかき、教職員の生活の問題も抱えながらの学校運営は想像を絶するものがありました。戦後五年経《た》った、一九五〇年（昭和二十五）短期大学が創設され、一九六五年（昭和四十）武蔵野女子大学（文学部）が設立されました。そして、当初、教育機会の少ない女性のために設立された学校法人武蔵野女子学院も二〇〇三年（平成十五）大学の名称を武蔵野大学と変更、翌二〇〇四年（平成十六）には共学化に踏みきり、女性だけの学校から男女共学の学びの場へと生まれ変わりました。切磋琢磨《せっさたくま》しながら人格を養い、人が人となり、人が覚者（目覚《めざ》めたる者）となることを学ぶ場にしたいという高楠先生の願いが一歩一歩実現されようとしています。

二　教育のこころ
――いのちをみつめ学ぶ

学ぶとは私が変わること

大学には、それぞれの特徴があります。特に私立学校においては、学校の基本理念（建学の精神）というものにもとづいて教育が展開されます。

一口でいえば、武蔵野大学は、仏教精神にもとづいて教育がなされる学校です。それは、人間が生きる上での真実を探求し、人間性を育てていく仏教の精神を基盤として、知性を養い、情操ゆたかな、学問、技術に秀《ひい》でた人間を育成することをめざしています。一般に学校の教育理念などというと、単なるお飾り程度のものと考えられることがありますが、そうではなく、それはその大学がめざす教育の目標です。単なる美辞麗句《びじれいく》に終わらせてはならないものです。

学校は人間を教えるだけではなく、育てる場です。教えるだけでは教育ではありません。教えられ、育てられる場が学校です。そして、学ぶということは「変わる」ことです。学ぶことによって私が少しずつ創《つく》りかえられていく、というのが教育であるといってもよいでしょう。なにも「変わる」ことがない学び、それは教育というものではないといっても過言ではありません。

したがって、学びということは、私にとって「驚き」であり、「喜び」であるといってもよいと思います。小学校、中学校、高等学校を通して、私たちの中で学びということの「驚き」や「喜び」があったでしょうか。教育が上級学校へ進学するためのもの、大学が単によりよい会社に就職するためだけのものであったとするならば、そこに教育はないといってもよいと思います。基本的に、大学に入学するということは、ただ卒業するためだけではありません。入学し、そこで「驚き」にであい、「喜び」を私たちのものとすることができるような学びが、学生生活というものだと考えます。

もし、このような学生生活が営まれるとするならば、それは人生における得がたい財産といわなければなりません。「知的財産」だけでなく、「精神の財産」をこの身に蓄《たくわ》えることの大切さを高楠先生は教育のこころとしています。これが武蔵野大学の最も重要な教育の柱です。これを私は「武蔵野学」と呼びたいと思います。

三つの宝（三宝思想）

武蔵野大学が教育の柱とするものに二つあります。

そのひとつが、仏教思想の根本である三つの「宝」といわれる「仏《ぶつ》」と「法《ほう》」と「僧《そう》」です。これは、Buddha、Dharma、Saṁgha といいます。「仏」とは覚者、目覚《めざ》めたる者（さとれる者）という意味です。「法」とは真理、教えといってもいいと思います。そして、「僧」とは覚者の教えを中心として、覚者をめざす者の集まりをいいます。

この三つは人間が生きるうえでの依《よ》りどころという意味で、「三宝《さんぽう》」（世俗社会を生きる者が、世俗に流されず、真実《ほんもの》を求めていくうえでの大切な三つの道理）といいます。この三つは切り離すことのできない一体のものです。

私たちがこの人生を生きるうえで大切なもの、たとえば健康、お金、地位、名誉などさまざまなものがあります。どれもみな魅力的で、私自身をよろこばせ、楽しませるものです。私たちは、これらのものを手にするために毎日働き、動き回っているといってもいいでしょう。他人《ひと》より美しいものを身にまとい、いつもおいしいものを食べ、快適な住まいを手に入れることが私たちの幸せかもしれません。これは誰もが夢見る生活でしょう。

しかし、これらのものを手に入れることが、本当に幸せな生活といえるでしょうか。私たちは何かを手に入れると同時に、そこからまた次の欲求にさいなまれます。その欲求には限りがないというのもひとつの真理です。欲望というものは無限に拡大していきます。現代は「もっともっと」という時代であるといった私の知人がいます。

こんなことをいうと、それは恵まれている人のいうことですよ。まず最小限度の衣食住が不可欠です。私たちはそれさえ満たされていない、という声が聞こえてきます。その通りだと思います。すべての人々が、「健康で文化的な最低限度の生活」(「憲法」)を営むことのできる社会を実現しなければなりませんし、そのための努力を私たちは惜しんではなりません。共に生きる世界の実現は人類普遍の課題です。

四つの願い

「少欲知足」「吾唯知足」という仏教語があります。一言でいえば、「欲望のコントロール」ということです。欲望の赴《おもむ》くままに生き、欲望が満たされることが幸福のあかしであるとする私たち。幸福とは欲望の充足度にすぎないと考えている私たち。その欲望を凝視《ぎょうし》し、欲望というものの実体を問題にするのが、仏教です。

仏教の開祖《かいそ》、ゴータマ・ブッダ（紀元前五世紀）は「苦しみの根源は欲望である」といいました。これがブッダのさとり（覚《めざめ》）のひとつであるといってもいいと思います。「苦しみの根源である欲望」「無限に拡大する欲望」「そこに真実の安らぎはない」というブッダの思想から、先の「少欲知足」（欲望を制して充足感を持つ）「吾唯知足」（足ることを知ることが幸せへの道）という語が生まれました。

しかし、この言葉はともすると誤解されやすい言葉でもあります。他人《ひと》に節欲《せつよく》（欲を制する）を説いて、あきらめさせるといったようにです。つまり、「上みればきりなし。下みればきりなし。現状に満足しなさい」というようにです。これは明らかに誤った方向であることは、いうまでもありません。上下がなぜあるのかといったことを問うのが仏教であるといってもよいと思います。

さて、武蔵野大学は先の「三宝」思想と並んで、もうひとつの教育の柱として、次の「四つの願い」を大事にしています。（四弘誓願《しぐせいがん》。四つの誓いともいいますが、これが仏教を学ぶ者の基本的な姿勢です。

一、衆生《しゅじょう》は無辺《むへん》なれども、誓って救うことを願う　（衆生無辺誓願度《せいがんど》）

二、煩悩《ぼんのう》は無尽《むじん》なれども、誓って断ずることを願う　（煩悩無尽誓願断《だん》）

三、法門無量《ほうもんむりょう》なれども、誓って学ぶことを願う　（法門無量誓願学《がく》）

四、仏道無上《ぶつどうむじょう》なれども、誓って成《じょう》（就）ずることを願う（仏道無上誓願成《じょう》）

この四つの願いを実現するために、先の「三宝」（仏・法・僧。覚者となり、真理を求め、共にその道をめざす）を学ぶのです。これが、武蔵野大学の教育の根本理念であるといってもよいと思います。

一般にこれは菩薩《ぼさつ》（仏道修行者）の願いといわれるものですが、これを「われら」の願いとしてその道に進むことを目的としています。

私はこの四つの誓いを自分なりに次のように表現しています。

一、生きとし生ける者の幸せのために、

二、欲といかりと愚かさの誤りに目ざめ、
三、いつまでも学ぶこころを忘れずに、
四、生きていくことが喜べる世を創《つく》る

みなさんでしたらどのように表現されますか。お考えいただけたら幸いです。

理想を失った者

高楠先生は、「理想を失った人間は、必ず堕落する」といっています。しかし、理想家、理想主義者というとき、そこには一種軽蔑《けいべつ》の意味が込められていないでしょうか。真の理想主義者は現実の誤りと醜《みにく》さを知った者です。そして、そこに埋没することなく、その場から常に真実《まこと》を求める人を理想主義者というのだと思います。

現実にしっかりと足を据《す》え、現実的にものごとを考えることは大切なことです。が、現実に埋没し、現実だけしか考えない生き方は、危《あや》うい生き方だといえないでしょうか。理想は現実から生みだされ、現実は理想によって常に問われ、軌道修正されなくてはならないでしょう。ここに、理想を持つということの大切さがあります。

先にボサツの四つの願いを実践するために三つの宝を学ぶと書きました。ここで、「三宝」思想について示される代表的な経典の言葉を記しておきます。一般的に「三帰依文《さんきえもん》」（三つの依りどころ）といわれるもので、仏教にある多くの宗派をこえて大切にされ、仏教者が集まった時に一緒に唱える言葉です。

奈良の「大仏」さんは有名ですが、そのお寺は東大寺といいます。東大寺は「華厳宗《けごんしゅう》」という宗派ですが、その教えはブッダが初期に説いた『華厳経』です。その経典に示されるのが「三帰依文」といわれるものです。原文と現代語訳を次に記しておきたいと思います。

【三帰依文《さんきえもん》】

人身《にんじん》受《う》け難《がた》し、今已《いますで》に受《う》く、仏法《ぶっぽう》聞《き》き難《がた》し、今已《いますで》に聞《き》く。この身《み》今生《こんじょう》に向《む》かって度《ど》せずんば、さらにいずれの生《しょう》に向《む》かってか此身《このみ》を度《ど》せん。大衆諸共《だいしゅうもろとも》に至心《ししん》に三宝《さんぽう》に帰依《きえ》したてまつるべし。

自ら仏に帰依《きえ》したてまつる。まさに願わくは衆生《しゅじょう》と共に、大道《だいどう》を体解《たいげ》して無上意《むじょうい》を発《おこ》さん。

自ら法に帰依したてまつる。まさに願わくは衆生と共に、深く経蔵《きょうぞう》に入りて知恵海《ちえうみ》の如《ごと》くならん。

自ら僧に帰依したてまつる。まさに願わくは衆生と共に、大衆《だいしゅう》を統理《とうり》して一切無碍《いっさいむげ》ならん。

無上甚深微妙《むじょうじんじんみみょう》の法は、百千万劫《ひゃくせんまんごう》にも遭遇《あいあ》うこと難《かた》し。我今見聞《われいまけんもん》し受持《じゅじ》することを得たり。願わくは如来《にょらい》の真実義《しんじつぎ》を解《げ》したてまつらん。

（『六十華厳経』第六巻『大正新脩大蔵経』九巻四三〇頁のC、五世紀訳本、原漢文）

〔現代語訳〕

尊い縁《えにし》があって、この世にいのちを恵まれ、得がたい真実にであうことができました。この感動を分かち合い、あらゆる人々と共に三つの道理を大切にしていきます。

仏《ブッタ》（覚者《めざめたるもの》）をいのちの支えとします。あらゆる人々と共に、真実《おしえ》を身につけて、まことの道を歩みます。

法《ダルマ》（真理《まこと》）をいのちの支えとします。あらゆる人々と共に、真実を聞き、苦悩を超える人生を歩みます。

僧《サンガ》（和合衆《よきなかま》）をいのちの支えとします。あらゆる人々と共に、協調和合の世界をめざします。

この上もない、尊い真実に今、あうことができました。この縁《えにし》をよろこび、真実を学びながら、いのち輝く人生をめざします。

（山崎龍明訳）

三　ゴータマ・ブッダ（仏陀）とは誰か

問いが人生を創《つく》る

「仏教」という言葉を知らない人はいないと思います。しかし、「仏教」ってなんですか、といわれて明確に答えられる人はそれほど多くはいないと思います。でも、日本は「仏教国」といわれています。世界でも代表的な「仏教国」に数えられています。

全国に八万ともいわれる寺院があり、多くの僧侶もいます。そして、人が亡くなれば葬儀がつとめられ、そのあとの法事（仏事・法要）が一周忌、三回忌、七回忌といったように続きます。このように比較的身近なところに「仏教」というものがあり、それらの行事に参加する自分が「仏教」徒であると思っています。

仏教とは一人の人間が人生に深い疑問を懐《いだ》き、妻や子供、両親とも離れて独りその答えを求めたところに始まります。その人の名をゴータマ・シッダールタといいます。紀元前五世紀頃のことです。今からおよそ二千数百年前のことです。ここでは、その人が持った人生上の懐疑というものの重要性と、その懐疑の内容について、簡単にみていきたいと思います。

その人が二十九歳の頃、それまでの恵まれた王子の生活に深い疑問を抱きました。今、私は両親と家臣、そして優しい妻と子供に囲まれ、なんの不自由もない生活をしている。その人は、恵まれていればいるほど、今、自分が立っている場（自己自身）が不安になりました。この「幸せ」が果たして永遠に続くのか。私は若い。しかし、この若さがいつまでも続くのか。老いることも、病むことも、そして死ぬことも避けられないこの私が、目の前の「幸せ」に酔いしれている、これは一体どういうことなのだろうか。

この懐疑がその人の生きる方向を変えたのです。私たちはどうでしょうか。なんのために生き、働いているのでしょうか。それは、少しでも快適で便利な生活を手に入れるためといってもいいでしょう。特に現代という時代はこのことが顕著になっている時代です。先にも述べた通り、「幸せ」とはどれだけ自己の欲望を満たすことができるか、ということにかかわっているといってもよさそうです。そして、そのためには手段を選ばない、という状況です。

そこには「自己」というものしかなく、「自己」以外のものを見ることができないという「閉鎖」があります。簡単にいえば、「自己」のためなら何をしてもかまわない、また赦《ゆる》されるという私たちの思いあがった自己中心性です。

しかし欲望は無限です。とどまるところを知りません。その限りなき欲望を充足するための生き方の延長上に一体何があるというのでしょうか。その人の悩みは深かったのです。その悩みが恵まれた環境と優しい家族、国王という将来の地位を捨てさせたのです。イギリスの仏教学者、リス・デヴィッズはこのことを指して、「大いなる放棄」と表現しました。それは、大切なものを獲得するための放棄でした。

仏教で説く「出家」というのは、単に家を出るということではなく、「欲望」を放棄するということです。ただ「欲望」を満たすことだけを目標とする人生、また、「欲望」を可能な限り節制しながら生きる人生、さらに、「欲望」を全面的に否定するためにきびしい修行に生涯をかける人生、とさまざまです。

ゴータマ・シッダールタは、人間の迷い、不安、苦しみの根源は「欲望」（自我充足）にあると認識して、「家」を捨て、「欲」を捨てるために修行の道に独り入りました。六年間の修道ののち、人間が生きるうえでの苦しみと悲しみ、そして不安をのり超える道を獲得しました。それが、「人生は苦なり。しかし、苦しみをのり超える道がここにある」といって示された四つの真理（四諦《したい》）と八つの実践道（八正道《はっしょうどう》）でした。

人生や自己に対する深い懐疑、問いかけが、このような教えをその人にもたらしたのです。宗教といわれるものの出発は、このような懐疑、問いにあります。人生や自己に対する懐疑のないところには、人間の苦悩は生れてきません。そこでは、人生も自己も、この日常もすべて肯定され、問われることなどありません。

デンマークの哲学者キルケゴールは、「宗教的な苦悩の終息が、宗教的生活の終息」（人生とか、自己、幸せといった問題について、根源的な問いかけを失った時、宗教的な生活が終わる時である）といいました。

ゴータマ・シッダールタの人生、自己、幸せについての深い懐疑が、仏教というものを生みだしたといってもよいかもしれません。

私は、「問い」が人生を創《つく》り、「自己」を創る、そして、「幸せ」を創るといえるのではないかと思っています。問いのない人生とは、すべてのことを認め、それでよしとする世界です。そこには人生や自己、そして「いのち」といったものに対する掘り下げはありません。それは、楽な生き方かもしれませんが、決して地に足がついた着実な生き方とはいえないような気がします。苦しみや悩み、不安といったものにたえず、おそれ、おののきながら生きる人生といってもよいと思います。

老いに苦しみ、病《やまい》に悩み、死をおそれ、愛する人との別れに涙し、嫌な人とも生きていかなければならない、欲しいものが手に入らない、私そのものが苦しみの源《みなもと》である、という悲しみを私たちはどのように超えていくのか。それがゴータマ・シッダールタの根本的な課題であり、また、私たちの問いでもあるのです。

四　ゴータマ・ブッダの生涯を学ぶ

生涯そのものが教え

八十年のブッダの生涯をみるとき、そこには特質とすべきことがらがあります。ブッダの生涯は単なる生涯ではなく、生涯そのものが思想であり、教えであるといってもよいでしょう。

ブッダ八十年の生涯を次の六つに分けて理解することができます。

一、**誕生**（いのちの恵み）――父・シュッドダーナ、母・マーヤー。幼名ゴータマ・シッダールタ。「天上天下唯我独尊《てんじょうてんげゆいがどくそん》、三界皆苦《さんがいかいく》、我当安《がとうあん》（救《く》）之《し》」を誕生偈《げ》という。（天にも地にも我れひとり尊し。三界はみな苦しみなり。我れまさにこれを安んず―救う―べし）四月八日（聖誕節《せいたんせつ》）

二、**出家**（真実を求めて）――妻・ヤショーダラー、一子・ラーフラをおいて出家。二十九歳

三、成道《じょうどう》（真実の体得）――永遠の真理を体得、一般にさとりを得た、とされている。
三十五歳、十二月八日（成道節）

四、初転法輪《しょてんぽうりん》（法蔵を開く）――体得した法《おしえ》を友人、五人に説き示す。始めての説法

五、伝道活動（人々の幸せのために）――四十五年間懸命な伝道活動に励む。「一つの道を二人して行くな」

六、涅槃《ねはん》（絶対の静けさ）――アーナンダ他、多数の弟子が見守るなか入滅《にゅうめつ》。八十歳、
二月十五日（涅槃節）

ブッダの最後は、平凡であるがゆえに、かえって、ブッダの偉大さを想わせるものがあります。平凡であることは、非凡なことです。

「私の骸《むくろ》など、あなた方は片付けなくてもよい。それは在家《ざいけ》の方々がしてくれるであろう」とブッダはいったと伝えられています。

親鸞は「私が死んだら賀茂川に流し、魚の飼《えさ》にしてほしい」といいました。この二つの発言にはなにか共通するものがあるように私は思います。

つまり、仏教が問題とすべきものは何かということです。この肉体ではなく、まして「死」を麗々《れいれい》しく飾りたてることでもない。仏教の究極的な問題は人間そのものの「生き方を調《ととの》

えること」にあるということです。

弟子たちよ、今はわたしの最期《ご》の時である。しかし、この死は肉体の死であることを忘れてはならない。こわれることは止むを得ない。仏の本質は肉体ではない。さとりである。肉体はここに滅びても、さとりは永遠に法と道とに生きている。だから、わたしの肉体を見る者がわたしを見るのではなく、わたしの教えを知る者こそわたしを見る。わたしのなき後は、わたしの説き遺《のこ》した法があなた方の師である。（パーリ文『涅槃経』）

ブッダの人生をしめくくるにふさわしい言葉です。このような平凡な最後に、私はブッダの非凡さを見ます。「私が師ではない。法（真理）が師である」というところに仏教の全体像があります。仏教は「法」（真理）以外のなにものをも「師」とはしないのです。

弟子たちよ、わたしはこの人生の後半四十五年間において、説くべきものはすべて説き終わり、なすべきことはすべてなし終わった。わたしにはもはや秘密はない。内もなく、外もなく、すべて完全に説きあかし終わった。（パーリ文『涅槃経』）

自分がさとった「法」（真理）のすべてをつつみかくさず（教師に握《にぎ》り拳《こぶし》はないとブッダはいいます）、すべての弟子の前に示して、ブッダは涅槃に入られました。

それは単なる人間の「死」ではなく、ブッダの最後ではなかったのです。涅槃は出発点でした。新たなる「法」が新たなる力を発揮する原点なのでした。「法」（真理）こそ不生不滅（始めなき、終りなき）の永遠なる真理である、というブッダの根本義をあらためて確認しておきたいと思います。

ブッダは真理（法）の発見者――法のみが師なり

ブッダは「法」の発明者ではなく、「法」の発見者、自覚者でした。そして、自ら目覚《めざ》めた「法」を体系化し、整理して人間の根本苦である生と死の「苦悩」からの解放道をさし示したのです。これをわれわれは「仏教」（ブッダ・目覚めの教え）と呼んでいます。

そのことは、ブッダがしばしば「われ生まれると、生まれざるとにかかわりなく、この法（真理）は存在する」といっていることからも明らかです。

あとで詳しく学びますが、ブッダにとって、人生の構造とは簡単にいうと、

生苦＝生まれるも苦なり

老苦＝老いも苦なり

病苦＝病《やまい》をうるも苦なり

死苦＝死もまた苦なり
愛別離苦《あいべつりく》＝愛しい人との別れも苦なり
怨憎会苦《おんぞうえく》＝憎い人と会うことも苦なり
求不得苦《ぐふとっく》＝ほしいものが得られないのも苦なり
五蘊盛苦《ごうんじょうく》＝人間存在そのものが苦なり

といったものでした。

一般に生・老・病・死を四苦、後の四苦を加えて四苦八苦《しくはっく》といわれます。よく会話の中で「あの時は四苦八苦した」ということを聞きますが、それはどうしようもないこと、行き詰まりの状態を表現するものとして一般化しています。

しかし、このように「人生を苦なり」とみるブッダの人生観は、決してうしろ向きの人生観でも、アキラメ的な人生観でもないことはいうまでもありません。

私たちは人生を「楽」なもの、バラ色のものとしてみることがあります。いや、漠然とそう考えています。そう考えたいのかもしれません。そして、傷つき、挫折して、人生を放棄してしまうのです。

それは、あまりにも悲惨な生き方です。ブッダの説く「人生は苦なり」という認識は、いわゆる虚無主義《ニヒリズム》ではありません。きわめて、現実的な認識だと私は考えます。

この世のありようと、人生を「苦」と洞察することにより、その「苦」の原因を探り、「苦」をのり超えていこうという実践道が、ブッダの道でした。

ブッダが初期に説いた「四諦八正道《したいはっしょうどう》」（人生苦を超える八つの道）の教え、「縁起《えんぎ》の法」（すべてのものは関係しあって存在する）「三法印《さんぼういん》」（四法印）「業《ごう》」（身体、口、こころの全行為）と「解脱《げだつ》」（苦悩をのり超えた世界）などの教えは、学べば学ぶほど奥深いものがあり、それらの教えはみな、私たちの「苦」悩を超える道につながっています。

私が仏教を実践道というのは、この意味においてです。道は歩くためにあります。目的地に到達するためにあります。ブッダの教えを向こうに置いてただ眺めているだけならば、それは仏教の学びではありません。まず、正しい学びの中で、自らが歩くことです。智慧《ちえ》のまなこをもって、私自身の人生を歩くことです。これを「智目行足《ちもくぎょうそく》」（たしかな眼としかな歩み）」といいます。

どんなに素晴らしい料理も、眺めているだけでは、その味はわかりません。まず食べてみることです。よく、仏教の思想的な深みや、哲学体系に感心している人がいます。しかし、それは本質的なことではありません。知的な満足です。まず、その道を歩むことから始めたいものです。

仏教ファンや、仏教マニアになったとき、仏教は最も遠いところに行ってしまうはずです。仏教は智慧の眼（ものごとの正しい認識、智目）を養い、着実に歩く（行足）ところに、身につくものです。ブッダの説いた教えをのちにまとめたものを一般に「経典」（Sūtra. 過去、現在、未来を一貫する真理という意味）といっています。

それは、ブッダがその時その時の状況に応じて四十五年間説きつづけた説法を、のちの人々がまとめた集大成です。人間の能力に応じ、状況に応じて説いたその説法の姿勢は「応病与薬《おうびょうよやく》」（病に応じて薬を与える）とか、「対機説法《たいきせっぽう》」（人間の資質に応じて法を説く）とか呼ばれています。

「経典」はまた別に「除苦悩法《じょくのうほう》」（苦悩を除く法《おしえ》）といわれている通り、人間の抱えている根源的な苦悩を解放（解脱《げだつ》）するものであるというのです。

ブッダの「成道《じょうどう》」以来、およそ二千数百年、どれだけ多くの人々が、この法を求め、この法によって安らぎを得、人生の重荷と死の恐れから解放されていったことでしょう。一人の仏弟子として私もその後に続きたいと思います。仏教は、まさにいのちの宝庫といってもよいものです。

しかし、今、仏教がその光を失い、葬送儀礼に奉仕するだけのものとみられたり、あるいは、一部の人々の研究対象となってしまったり、また単に教養の一部となってしまっているとしたなら、大変残念なことです。いのちの宝庫としての仏教を、国境、民族、文化を超え、私たちひとりひとりのもの、いのちあるすべてのものの幸せを実現するための共有財産としたいものです。

そうでなくては、ブッダの修道の意味も、成道の尊厳も、いのちがけの伝道もみな、無意味なものとなってしまうでしょう。「人々の幸福と正しい人生のために、同じ道を二人して行くな」と、教えを伝えることの大切さを仏弟子に説いた、そのブッダのこころを私たちは大切にしたいと思います。

仏教の再生はここから始まるといえるでしょう。それは、私たち人間の回復につながる道でもあると考えます。

五　ゴータマ・ブッダの教えに学ぶ

三つの教え（三法印）

仏教の教えの根本的特徴を示すものとして、古来、三法印《さんぽういん》と総称するものがあります。いわば、「これが仏教である」という仏教思想の旗印となるもので、仏教の教えであることを証明する基準となるものです。三法印は「諸行無常《しょぎょうむじょう》」「諸法無我《しょほうむが》」「涅槃寂静《ねはんじゃくじょう》」の三つを指しますが、これに「一切皆苦《いっさいかいく》」を加えて四法印と称することもあります。

イ、諸行無常

これは、「祇園精舎《ぎおんしょうじゃ》の鐘の声、諸行無常のひびきあり」という『平家物語』の冒頭の一節でよく知られている、仏教の思想の根本的世界観を示す言葉です。

諸行無常は「もろもろのぎょうはつねならざるものである」と読むことができます。現代語で訳すとすれば、「この世のすべての現象は変化し、移りゆくものである」「すべてのものごとは無常である」ということになるでしょう。

たしかに、私たちが存在している世界で、永遠なるもの、滅びないものはひとつもありません。人間も動物も生物も自然も、たえず生成変化衰亡していることは、私たちにもよく理解できる事実です。さらには、地球も、広大な宇宙もまた、たえず生成変化しています。永遠なるもの、恒常なものは、この世界には一切存在しないということなのでしょう。

しかし、「諸行無常」の教えの根幹にあるのは、この私という存在は無常であるという意味です。もっと端的にいえば、人間存在というものは生・老・病・死を抱えこみながら生きていかなければならないという現実こそが、仏教の出発点だったということです。

王子ゴータマの出家の大いなる動機となったのも、人間にとって必然的なこの生・老・病・死の問題の解決にあったといえます。この問題を象徴的に示すものとして、四門出遊《しもんしゅつゆう》のエピソードが知られています。

王子があるとき、郊外の御苑へ出かけるために、馬車に乗って城の東門から出かけていこうとしました。門を出ると、そこで一人の老人の姿を見たのですが、その人は、頭は真っ白、腰も曲がり、杖をたよりにやっとのことで歩いていました。王子は老人というものをそれまで見たことがなかったので、驚いて馬車の御者に「この人は一体何者なのか？どうして、あのような姿をしているのか？」と訊《たず》ねました。御者は「王子よ、これは老人です。人間、年齢を重ねるにつれて、身体も衰え、身動きもままならなくなり、あのように杖にすがって歩かなければなりません。これが老人というものです」「この老人というものに誰もがなるのか、この私もか？」「その通りです。王子よ、あなたといえども例外ではありません」。王子はそういわれて、あわてて城の中に戻りました。

別の日に城の南門から出て行こうとすると、そこに大地の上に横たわって苦しそうにうめいている人がいました。驚いた王子が御者に尋《たず》ねると、「王子よ、これは病人というものです。人間、年老いると身体のあちらこちらが不具合になり、病《やまい》を得ると身体が痛みや苦しみで大変つらい思いをしなければなりません」「この病人というものに誰もがなるのか、この私もか？」「その通りです。王子よ、あなたといえども例外ではありません」。王子はまた、城の中に戻りました。

別の日に城の西門から出ていきました。すると、そこに長い行列を見ました。行列の真ん中では、かつがれた担架の上に人が横たわり、行列の人々は大きな泣き声をあげて進んでいきます。「この行列は一体何か？　あの横たわっている人は何者なのか」「王子よ、これは葬列というものです。あの人は死者というものです。人間いのちが尽きると、魂は身体から離れて何も残りません。みな、嘆き悲しんで遺体を火葬にふしますが、後には白い骨がむなしく残るだけです」「この死人というものは誰でもまぬがれないのか、この私もか？」「その通りです、王子よ、あなたといえども、死をまぬがれません」。王子はまた、城の中に戻りました。

別の日に城の北の門から出ていきました。すると、そこに一人の出家修行者の姿を見かけました。その修行者は威風堂々、あたりをはらう様子で、何ものをも恐れることがない姿でした。「この人は何者なのか、どうしてあのように堂々としているのか？」「王子よ、この人は出家修行者というものです。すでに修行を完成し、迷いを超えて、何ものをも恐れることがない境涯に達しています」。王子はすっかり感銘を受けて「ぜひ、あのようになりたいものだ」と城の中に戻っていきました。

もちろん、このような四門出遊《しもんしゅつゆう》のエピソードが現実にあったということではなく、仏陀《ブッダ》の出発点をこのような形式でまとめたものといえるでしょう。

諸行無常とは、つまるところ、生・老・病・死を抱えて生きる人間存在の有り様を明らかにしたものなのです。

ロ、諸法無我

「諸法」は「諸行」と同一と考えてもよいでしょう。「諸法無我」とは、「この世のすべての現象、存在は我ではない」という意味です。「我」は原語でいえばアートマンのことで、永遠不変なる恒常的な存在のことをいいます。

たとえば「霊魂《れいこん》」というものは、インドでは一般的に、人間が死んで身体から離れても存続していくと考えられています。キリスト教でも「霊魂不滅」といわれていますが、アートマンとはこのようなもののことをいいます。現代語でわかりやすくいえば、「自我」といってもよいかもしれません。

しかし、仏教では、この世界には人間を含めて永遠に変わらずに存在するようなものは有り得ないと主張します。けれども、私たちは誤った見方から、存在し得ない「我」、わかりやすくいえば、自我というものに執着して苦しむことになります。「このおれが、おれが」という意識です。たえず他人と自分とを比較して喜んだり、悲しんだり、苦しんだりするのです。これを「我執《がしゅう》」といいますが、この我執から煩悩《ぼんのう》（貪《むさぼ》り、怒り、愚かさ）が生じ、これが私たちの苦しみの根源と見るのです。

ハ、涅槃寂静

涅槃《ねはん》というのは、煩悩の火が吹き消された状態をいいます。我執や煩悩を滅した安らかな境地こそが、仏教徒が求めるべき最終目標であり、それが悟《さと》りの境涯です。

二、一切皆苦

イからハまでの三法印に、この「一切皆苦」を加えて四法印と総称します。三法印あるいは四法印は、仏教の歴史の中で、仏教の教えを端的に示すものとして形式化されてきました。これについては、原始仏典の中でもっと論理的に説かれているので、それを最後にご紹介します。

この世の一切のものは無常である。無常なるものは苦である。無常にして苦なるものは我（アートマン）ではない、我がアートマンではない。（『無我相経』）

つながりあういのち（縁起）

三法印において諸行無常・諸法無我が説かれていますが、その理論的根拠となるのが「縁起《えんぎ》」の思想です。

「縁起」とは「縁《よ》りて起こる」ということで、すべての存在・現象は、ただそれのみによって存在するのではなくて、他のものとの関係性において存在するという意味です。言い換えれば、ただ、この世界にはそれのみによって存在するものはない、「子」は「親」というものがあって初めて「子」である、「親」も「子」が存在してこそ「親」となる、すべてのものがそのような関係性によって存在している、つまり、今ここに存在する「私」というものは、過去からの、そして未来への無限の時間的経過の中で因果関係として、そして広大無辺の空間の中で初めて「私」として、相依《そうい》関係の中で存在しているということです。

わかりやすくいえば、私たち日本人はお米を常食としていますが、稲を育てる農民がいて、収穫されたお米を運ぶ人がいます。お米を販売する人もいます。稲が育つには大地がなければなりません。大地があっても雨がなければ稲は育ちませんし、何よりも太陽の恵みというものが根本になければ、稲は育ちようがありません――こうして、この私のいのちを支えるお米というものは、無量《むりょう》の人々や自然の恵みというものによって私の口に入り、私のいのちとなるわけですから、私のいのちは無限の広大な世界とつながっていることになります。これが縁起についてのわかりやすい説明といえるのではないでしょうか。

この縁起の思想は、原始仏教の十二縁起《じゅうにえんぎ》として、部派仏教の業感《ごうかん》縁起として、また大乗仏教の法界《ほっかい》縁起などとして展開していきますが、「無我《むが》」や「空《くう》」の理論的根拠を示す仏教の中心的思想といえるでしょう。

四つの真理（四諦）

ブッダの思想として、大変重要なものに四諦《したい》の教えがあります。四諦は四聖諦《ししょうたい》ともいわれます。諦とは「真理」のことです。したがって、四聖諦とは「四つの聖なる真理」という意味になります。経典には次のように示されています。

苦聖諦《くしょうたい》――比丘《びく》らよ、「苦しみ」という聖なる真理とはこのようである。生まれることも苦しみであり、老いることも苦しみであり、病むことも苦しみであり、死ぬことも苦しみであり、憎いものにであうことも苦しみ（怨憎会苦《おんぞうえく》）であり、愛するものと別れることも苦しみ（愛別離苦《あいべつりく》）であり、求めても得ることができないことも苦しみ（求不得苦《ぐふとっく》）であり、要するに人間を構成する五つの存在への執着も苦しみ（五蘊《ごうん》盛苦《じょうく》）である。

集聖諦《じっしょうたい》――比丘らよ、「苦しみの生起する原因」という聖なる真理とはこのようである。再び迷いの生存に導き、喜びと貪《むさぼ》りをともない、ここかしこに快楽を求める妄執《もうしゅう》（渇愛）である。それはすなわち、欲望にたいする妄執と生存にたいする妄執と生存の滅無にたいする妄執とである。

滅聖諦《めっしょうたい》――比丘らよ、「苦しみの止滅《しめつ》」という聖なる真理とはこのようである。その妄執の完全に捨て去られた止滅であり、捨て去り、放棄し、自由となることであり、こだわりのなくなることである。

道聖諦《どうしょうたい》――比丘らよ、「苦しみの止滅にいたる道」という聖なる真理とはこのようである。これはじつに聖なる八つの真理（八正道《はっしょうどう》）である。すなわち、正しい見解（正見《しょうけん》）・正しい思考（正思《しょうし》）、正しい言葉（正語《しょうご》）・正しい行為（正業《しょうごう》）・正しい生活（正命《しょうみょう》）・正しい努力（正精進《しょうしょうじん》）・正しい念《おも》い（正念《しょうねん》）・正しい瞑想《めいそう》（正定《しょうじょう》）である。

四聖諦の集聖諦を原因として、苦聖諦という結果が生起します。道聖諦を原因として滅聖諦という結果が生起します。これは当時のインド医学の方法を取り入れたものといわれています。生・老・病・死の苦（四苦）と怨憎会苦《おんぞうえく》・愛別離苦《あいべつりく》・求不得苦《ぐふとっく》・五蘊盛苦《ごうんじょうく》を合わせて、四苦八苦《しくはっく》といいます。衆生《しゅじょう》の苦しみの根本は欲望を満たそうとする妄執にあり、その苦しみを止滅させる実践が八正道です。

八つの実践（八正道）

苦しみを止滅させる実践としての八正道《はっしょうどう》の内容は次の通りです。

①**正しい見解**（正見）——真理についての知識、具体的には四聖諦の一つ一つについての知識のこと。

②**正しい思考**（正思）——煩悩を離れる、怒らない、傷つけ害しない、という三つの思いのこと。

③**正しい言葉**（正語）——うそいつわり、かげぐち・ちゅうしょう、あらあらしいことば、ざれごとを離れること。

④**正しい行為**（正業）——殺生《せっしょう》、盗み、愛欲等の邪《よこしま》な行為を捨てること。

⑤**正しい生活**（正命）——正しい生活法にかなった衣・食・住のこと。

⑥**正しい努力**（正精進）——未来の悪は起こさず、過去の悪は断滅し、未来の善はこれを起こし、過去の善はこれを増大するように努力すること。

⑦**正しい念い**（正念）——身体・感受作用・心をよく観察し、熱心に気をつけ、気づかいして、貪《むさぼ》り・憂いを抑制すること。

⑧**正しい瞑想**（正定）——欲望を断《た》って、正しい精神統一の状態を得ること。

第二章　仏教にいのちを学ぶ

龍門の石仏

一　インドから世界へ拡がる仏教
——中国・朝鮮・日本への伝播

インド仏教の展開

ゴータマ・ブッダ（仏陀）の「大いなる死」は、仏教教団の結束をいっそう強化させたに違いありません。ブッダの在世においては、仏教教団の中心的な依《よ》りどころは、いうまでもなく目の前の偉大な人格完成者であるブッダ自身でした。しかし、ブッダ亡きあと、仏教教団の結集軸は彼の説いた教えへとシフトしていくことになりました。ブッダは亡くなる直前、

仏の本質は肉体ではない。さとりである。肉体はここに滅びても、さとりは永遠に法と道とに生きている。だから、わたしの肉体を見る者がわたしを見るのではなく、わたしの教えを知る者こそわたしを見る。わたしの亡き後は、わたしの説き遺《のこ》した法がおまえたちの師である。この法を保ち続けてわたしに仕えるようにするがよい。

（『和英対照仏教聖典』「長阿含経《じょうあごんきょう》」第二）

と弟子たちに遺言しました。弟子たちは、ブッダの入滅後、彼の説いた教えをまとめる作業（仏典結集）を行ない、ブッダの言葉を口頭伝承したものとしての経典が成立していきました。

ブッダの入滅後、百年ほどして、インドには最初の統一国家マウリア朝が誕生し、領土がインド世界全体へと拡大するにともない、仏教の勢力もインド世界全体へ、さらにはその周辺部へとひろまっていきました。中でも、第三代アショーカ王は仏教に帰依《きえ》すると、インド各地の石柱や摩崖《まがい》に「アショーカの刻文」を刻み、仏教を篤《あつ》く保護しました。今日まで伝わる南伝《なんでん》仏教が、スリランカに伝えられ、南伝仏教興隆の基点となったのもアショーカ王の時代でした。

ブッダ亡きあとの仏教教団は、ブッダの説かれた教えと生活規則として定められた戒律にしたがって修行を進め、教団もひろがっていきましたが、やがて、仏滅後百年を過ぎた頃、教団内部でのさまざまな意見の相違から仏教教団は上座部《じょうざぶ》と大衆部《だいしゅうぶ》という二つのグループに分裂します。その後、さらに細かな分裂がくりかえされ、二十余りの部派に分かれていきました。

それぞれの部派が独自の仏教教理の研究を進めたこの時代の仏教を部派《ぶは》仏教といいます。

この中で、厳格で保守的な立場を堅持しようとしたとされる長老たちのグループである上座部系の仏教は、南方のスリランカ、さらにはタイやミャンマーなど東南アジアの国々に伝わり、上座仏教として今日でも多くの人々が信仰しています。

一方、革新的な立場に身をおいた大衆部系の部派からは、新たな仏教改革の運動としての大乗《だいじょう》仏教が成立してきます。大乗というのは、大きな乗り物という意味です。それ以前の仏教が自己自身の悟《さと》りを目的としていたのに対して、大乗仏教では自己と他者とがすべて仏《ぶつ》と同じ無上《むじょう》の悟りを得ていくことを理想に掲げました。そして、そのような自利《じり》と利他《りた》を兼ねて仏道を歩む者を菩薩《ぼさつ》（仏の悟りをめざす者）と呼びました。

大乗仏教徒たちは、空《くう》の思想、六波羅蜜《ろくはらみつ》の思想、三昧《ざんまい》の思想、他方仏《たほうぶつ》の思想などを組みこんで新たな経典を編纂《へんさん》していきました。この編纂の作業は、紀元前一、二世紀頃から数百年間にわたって続き、新たな大乗経典が次々に生みだされました。今日、日本の諸宗派において好んで読誦《どくじゅ》される、『般若経《はんにゃきょう》』『法華経《ほけ》』『華厳経《けごん》』『無量寿経《むりょうじゅ》』『阿弥陀経《あみだ》』などの経典は、その多くが大乗経典に属します。

大乗仏教は、中央アジアを経て東へと伝えられ、中国、朝鮮、日本など東アジアの国々の仏教として今日でも信仰を集めています。

中国への伝播

仏教の中国伝来は紀元前後頃のことであったとされます。シルクロードを経由した東西交易が盛んになるにつれて、インド世界の宗教であった仏教が、西北インド、中央アジアを経て、中国へともたらされました。

インド世界から中国にもたらされた仏教経典は、インドの言葉であるパーリ語、サンスクリット語などで綴《つづ》られていましたが、西域から来た翻訳僧たちは、それらの経典を中国人にも理解できるように、次々と中国語に翻訳していきました。紀元後二世紀以降、中国に来た初期の翻訳僧の中には、安世高《あんせいこう》のようにいわゆる小乗《しょうじょう》経典を中心に翻訳した僧もいれば、支讖《しせん》や竺法護《じくほうご》のように大乗経典を中心に翻訳した僧もいました。

仏教経典の成立の順序にかかわりなく、さまざまな経典がばらばらに翻訳されたため、中国の仏教者たちは異なる教えが説かれた諸経典の統一的な解釈、理解につとめました。彼らはさまざまな教えが説かれる諸経典の分類に力を注ぎ、それぞれの仏教者たちは自らの判別基準にもとづいて経典の優劣を判別する教相判釈《きょうそうはんじゃく》の作業に取り組みました。その結果、自分たちが最も依りどころとするべき経典を選びだし、その経典の教えを中心に研究、実践する学派、あるいは宗派が成立していきました。

五世紀はじめに亀茲《クチャ》から中国に来た鳩摩羅什《くまらじゅう》は、『大般若経』『法華経』『阿弥陀経』『維《ゆい》摩《ま》経』『大智度論《だいちどろん》』など、大乗仏教の代表的な経典をわかりやすい訳語で翻訳したため、従来の翻訳経典に比べて経典内容の理解はいっそう深まり、宗派が成立していくうえで大きな影響を与え、翻訳の事業はひとつの頂点に達しました。

一方、中国からインドへと旅立ち、自ら仏典を探し求めてこようとする中国人僧侶の活躍もみられるようになりました。初期の入竺求法僧《にゅうじくぐほうそう》としては四世紀から五世紀初頭に活躍した法顕《ほっけん》が有名ですが、中国仏教史上最大の翻訳僧としてとりわけ有名なのは七世紀半ばに活躍した玄奘《げんじょう》です。彼は六二七年に中国を出発し、六四五年まで延《の》べ十九年間にわたってインド諸国を旅し、帰国後、多数の経典を翻訳しました。

中国へ仏教が伝播《でんぱ》して数世紀、六世紀から七世紀にかけて中国人の仏教理解も深まり、自らが仏教思想を整理・解釈して、中国的な仏教の宗派が誕生していきました。天台宗《てんだいしゅう》の大成者智顗《ちぎ》、三論《さんろん》宗の吉蔵《きちぞう》、華厳《けごん》宗の智儼《ちごん》や法蔵《ほうぞう》、法相《ほっそう》宗の基《き》、浄土教《じょうどきょう》の道綽《どうしゃく》や善導《ぜんどう》、三《さん》階《がい》教の信行《しんぎょう》、禅《ぜん》宗の慧能《えのう》、密《みっ》教の恵果《けいか》などが登場しました。これらの宗派の多くは日本に伝わり、今日ある日本の諸宗派の母胎となっています。

朝鮮・日本への伝播

朝鮮への仏教の公伝は、高句麗《こうくり》では三七二年、百済《くだら》では三八四年、新羅《しらぎ》では五世紀前半とされていますが、さらに早くから中国文化の一部として伝来していました。七世紀には朝鮮半島は新羅によって統一され、通仏教《つうぶっきょう》を旨とした元暁《がんぎょう》、法相宗の円測《えんじき》、華厳宗の義湘《ぎしょう》などの仏教者が活躍し、朝鮮の仏教は大いに興隆しました。

日本へ仏教が伝来したのは、欽明《きんめい》天皇の時代の五三八年とも五五二年ともいわれていますが、当初は渡来人の間で信仰されていたものが、次第に普及していったものと思われます。崇仏《すうぶつ》派の蘇我《そが》氏と廃仏《はいぶつ》派の物部《もののべ》氏との争いを経て、聖徳太子《しょうとくたいし》の時代には「十七条憲法」などにも仏教の影響が強くみられ、篤《あつ》く保護されました。

律令《りつりょう》体制の確立にともない、仏教は国家護持の宗教としての役割を担い、奈良時代においては東大寺《とうだいじ》の大仏や諸国の国分寺《こくぶんじ》の造立《ぞうりゅう》など、国家と仏教が緊密に結びついて発展しました。南都《なんと》の奈良では、南都六宗（三論・成実《じょうじつ》・法相・倶舎《くしゃ》・華厳・律《りつ》）と呼ばれる学問仏教の研究が盛んに行なわれました。

平安時代に入ると、天台宗の最澄《さいちょう》（七六七―八二二）、真言《しんごん》宗の空海《くうかい》（七七四―八三五）

という二人の仏教者が中国に留学し、帰国後、日本の仏教界をリードしました。

鎌倉仏教の代表的な祖師《そし》たちは当初、天台宗の本山比叡山延暦寺《ひえいざんえんりゃくじ》で修行をしていたことからみても、天台宗がその後の日本の諸宗派を生みだしていく基盤として重要な役割を果たしたことがうかがえます。院政期後半から鎌倉時代にかけては、浄土宗《じょうどしゅう》の法然《ほうねん》（一一三三―一二一二）、浄土真《しん》宗の親鸞《しんらん》（一一七三―一二六二）、臨済《りんざい》宗の栄西《えいさい》（一一四一―一二一五）、曹洞《そうとう》宗の道元《どうげん》（一二〇〇―一二五三）、日蓮《にちれん》宗の日蓮（一二二二―一二八二）など、独自の思想と実践を掲げた祖師たちが次々に登場し、日本に根ざした仏教が開花していきます。これらの諸宗派は、室町時代から戦国時代にかけてさらに勢力をひろげ、江戸時代における檀家《だんか》制度のもとで教団の体制を整え、明治期の廃仏毀釈《はいぶつきしゃく》、神仏習合《しんぶつしゅうごう》などの影響を被りながらも、今日に至っています。

しかしながら、第二次世界大戦後、それまで仏教教団を支えてきた地方における地域共同体がくずれていき、急速な都市化が進行する中で、それぞれの仏教教団は従来どおりの活動にとどまることなく、より積極的に仏教をひろめていく新たな対応に迫られています。今日、日本の仏教は「葬式仏教」の一語をもって評価されかねない状況にありますが、このままでは葬儀においてさえも仏教は必要とされない状況になりかねません。二千数百年の長い歴史と伝統、人々の生き方に大きな影響を与えてきた仏教の真価が問われる時代にさしかかっているといえます。

二　仏教と人間

生きとし生けるものの幸せを願う仏教

仏教の根本的な願いは、生きとし生けるものの幸せを願うことにあります。ブッダの言葉を綴《つづ》った『スッタニパータ』というお経の中には、

いかなる生物生類であっても、怯《おび》えているものでも強剛なものでも、悉《ことごと》く、長いものでも、大きなものでも、中くらいのものでも、短いものでも、微細なものでも、粗大なものでも、目に見えるものでも、見えないものでも、遠くに住むものでも、近くに住むものでも、すでに生まれたものでも、これから生まれようと欲するものでも、一切の生きとし生けるものは、幸せであれ。（中村元訳『ブッダのことば』）

と述べられています。普段の私たちの生活をふり返ってみると、ある特定の限られたもの、

たとえば自分自身であるとか、自分にとって身近な人であるとか、好ましい人であるとか、そういう人の幸せを願う中に成り立っていることに気づかされます。それに対して、ブッダの願いはすべてのいのちに開かれています。対象を限定せず、無差別平等に一切のいのちあるものの幸せを願うところに、仏教の根本的な願いがあるといえます。

人格の完成をめざす仏教

自他ともに幸せになるために、仏教では人格を向上・完成させていくことをめざします。ブッダの言葉には、「自己を正しくととのえる」「自己を修養する」「自己にうち克《か》つ」「自己をよく守る」などの表現がしばしば見られます。

戦場において百万人に勝つよりも、唯だ一つの自己に克つ者こそ、じつに最上の勝利者である。（中村元訳『真理のことば』）

自己こそ自分の主《あるじ》である。他人がどうして（自分の）主であろうか？　自己をよくととのえたならば、得難き主を得る。（同）

では、自己をいかなる点においてととのえ、守るべきなのでしょうか。

身体がむらむらするのを、まもり落ち着けよ。身体について慎《つつし》んでおれ。身体による悪い行ないを捨てて、身体によって善行を行なえ。

ことばがむらむらするのを、まもり落ち着けよ。ことばについて慎んでおれ。語による悪い行ないを捨てて、語によって善行を行なえ。

心がむらむらするのを、まもり落ち着けよ。心について慎んでおれ。心による悪い行ないを捨てて、心によって善行を行なえ。

落ち着いて思慮ある人は身をつつしみ、ことばをつつしみ、心をつつしむ。このようにかれらは実に己《おの》れをまもっている。（中村元訳『真理のことば』）

ここでは、身体的活動（身《しん》）、言語的活動（口《く》）、精神的活動（意《い》）の三つの活動において、悪しき行ないを慎み、善き行ないを勧《すす》めています。仏教では、行為、活動のことを「業《ごう》」（カルマ）といいますが、単に身体的な行動だけに限らず、言葉や心も含めて、身・口・意の三業をととのえることによって、自己の人格の向上をめざすのです。

過去において仏《ぶつ》となられた七人の方が共通して誓われた詩句（「七仏通誡偈《しちぶつつうかいげ》」）にも、「諸《しょ》悪莫作《あくまくさ》、衆善奉行《しゅぜんぶぎょう》、自浄其意《じじょうごい》、是諸仏教《ぜしょぶつきょう》（すべて悪しきことをなさず、善いことを行ない、自己の心を浄めること、これが諸《もろもろ》の仏の教えである）」（中村元訳『真理のことば』）と説かれています。

苦しみからの解放をめざす仏教

ブッダも多感な青年期、宮廷生活の中で人間が生きることの意味について悩んだといいます。

宮廷の栄華も、すこやかなこの肉体も、人から喜ばれるこの若さも、結局このわたしにとって何であるのか。人は病《や》む。いつかは老《お》いる。死《し》を免れることはできない。若さも、健康も、生きていることも、どんな意味があるというのか。(『和英対照仏教聖典』「増支部《ぞうしぶ》」)

そして、ブッダは、次のような気づきに至ります。

人間が生きていることとは、結局何かを求めていることにほかならない。しかし、この求めることについては、誤ったものを求めることと、正しいものを求めることの二つがある。誤ったものを求めるというのは、自分が老いと病と死とを免れることを得ない者でありながら、老いず病まず死なないことを求めていることである。

正しいものを求めることというのは、この誤りをさとって、老いと病《やまい》と死とを超えた、人間の苦悩のすべてを離れた境地を求めることである。今のわたしは、この誤ったものを求めている者にすぎない。（『和英対照仏教聖典』「中部」）

現代の社会は、老いと病と死をできるだけ遠ざけて見ないようにすることで、一時的に苦しみの解決を実現しようとしていますが、これらの生命現象を永久に遠ざけつづけることはできません。

この世において、どんな人にもなしとげられないことが五つある。一つには、老いゆく身でありながら、老いないということ。二つには、病む身でありながら、病まないということ。三つには、死すべき身でありながら、死なないということ。四つには、滅ぶべきものでありながら、滅びないということ。五つには、尽きるべきものでありながら、尽きないということである。

世の常の人々は、この避け難いことにつき当たり、いたずらに苦しみ悩むのであるが、仏の教えを受けた人は、避け難いことを避け難いと知るから、このような愚かな悩みをいだくことはない。（『和英対照仏教聖典』「増支部」）

このような道を歩むことによって苦しみからの解放をめざすのが仏教であるといえます。

三　生きるということの学び（生苦）

仏教では代表的苦しみとして、四種類の苦しみ（生・老・病・死の四苦）、あるいは八種類の苦しみ（四苦に、愛別離苦《あいべつりく》、怨憎会苦《おんぞうえく》、求不得苦《ぐふとっく》、五蘊盛苦《ごうんじょうく》を加えた八苦）を説きますが、まず、第一の「生苦」から見ていくことにします。

生苦というのは、生まれる苦しみをいいます。『無礙解道《むげげどう》』という仏典では、生について、それぞれの衆生が、それぞれの衆生の類の中に生まれ、出生し生成し生起して、五蘊が集まって十二処という諸感官が獲得されることをいうと述べられています。

では、生まれる際に、具体的にはどのような苦しみがあるのでしょうか。私たちは誰も生まれる時の苦しみについて記憶している人はありませんが、仏典には産道を通過する時の苦しみを次のように説明しています。

母が胎児を出産しつつある時には、胎児は産門に向かう時、あたかも自らの引き起こした業によって生じた風に巻かれてぐるぐると地獄にころがり堕《お》ちていくようであり、いとも怖ろしい産道に向いつつある様子は、たとえば鍵穴より引出されつつある大龍のごとく、押寄せ来る両山の間で粉砕されつつある地獄の有情のごとく、極めて狭き産門によって苦を受ける。これが出産による苦である。

（水野弘元訳『清浄道論』を西本照真が現代語訳）

確かに生まれる時このような苦しみを経験したのかもしれませんが、老・病・死の三つの苦しみに比べると、実感に乏しいのも事実です。あの有名な四門出遊《しもんしゅつゆう》のエピソードにしても、老人、病人、死人は取り上げられていますが、生まれてくる人の苦しみは含まれていません。初期の仏教では、四苦八苦という形で定式化して苦しみをとらえていなかったのかもしれません。

しかし、生まれること自体の苦しみは私たちの記憶にないとしても、生まれることによって結果的にはかりしれない苦しみがひき起こされることは間違いのない事実です。生まれたから老いるのであり、生まれたから病気に苦しむのであり、生まれたから死んでいくのです。この点に関して、『スッタニパータ』にも次のように述べられています。

生まれたものどもは、死を遁《のが》れる道がない。老いに達しては、死ぬ。実に生あるものどもの定めは、このとおりである。

熟した果実は早く落ちる。それと同じく、生まれた人々は、死なねばならぬ。かれらにはつねに死の怖《おそ》れがある。（中村元訳『ブッダのことば』）

このように、生まれることは生きていく中で経験するであろうあらゆる苦しみの起点をなすものといえます。苦しみたくなければ生まれてこなければよかったのです。しかし、生まれてきたものにとって、現に生命活動を日々継続しているものにとっては、生まれてこなければ……という仮定は成り立ちません。

そこで、生苦というのを、生きることの苦しみと解釈すればどうでしょうか。拡大解釈かもしれませんが、私たちの生活実感にはぴったりと来ます。四苦、八苦のすべての苦しみは、生きるという営みの中で生まれてくるものであり、また生きるという営み自体が避けることのできない苦しみを抱えていることになりますから、誰にもあてはまります。

苦しみの生じるプロセスを説いた十二支縁起《じゅうにしえんぎ》においても、最後の二項は、生苦→老苦・死苦ですから、生苦が必然的に「老苦」「死苦」を生ぜしめるというのは、妥当な解釈といえるかもしれません。

さて、以下、八苦の残りの苦について見ていきたいと思いますが、その前に、苦しみから解放される方法に関して、仏典でどのように説いているか、改めて確認しておきましょう。『スッタニパータ』には次のように説かれています。

苦しみを知らず、また苦しみの生起するもとをも知らず、また苦しみのすべて残りなく滅びるところをも、また苦しみの消滅に達する道をも知らない人々――かれらは心の解脱《げだつ》を欠き、また智慧《ちえ》の解脱を欠く。かれらは（輪廻《りんね》を）終滅させることができない。かれらは実に生と老いとを受ける。

しかるに、苦しみを知り（苦諦《くたい》）、また苦しみの生起するもとを知り（集諦《じったい》）、また苦しみのすべて残りなく滅びるところを知り（滅諦《めったい》）、また苦しみの消滅に達する道を知った人々（道諦《どうたい》）――かれらは、心の解脱を具現し、また智慧の解脱を具現する。かれらは（輪廻を）終滅させることができる。かれらは生と老いとを受けることがない。（中村元訳『ブッダのことば』）

仏教では、苦しみの中に生きているという真実（苦諦）、苦しみが生じる原因に関する真実（集諦）、苦しみを滅した境地があるという真実（滅諦）、苦しみを滅する道があるという真実（道諦）という四つの真実を知見する学びによって、苦しみからの解放をめざすのです。

四　老いるということの学び（老苦）

『感興のことば』という仏典は、老《お》いについて次のように述べています。

なんじ、いやしき〈老い〉よ！　いまいましい奴だな。お前は人を醜《みにく》くするのだ！

麗《うるわ》しい姿も老いによって粉砕されてしまう。

たとい百歳を生きたとしても、終《つい》には死に帰着する。老いか、病《やまい》か、または死が、

この人につきそって殺してしまう。（中村元訳『感興のことば』）

このいまいましい老いの姿はゴータマ・ブッダが青年時代、四門出遊の中で東の門から出た時に眼にしたものでした。その場面を『ブッダ・チャリタ』では次のように描いています。

「御者よ、髪は白く、手で杖にすがり、目は落ち窪《くぼ》んで眉《まゆ》に覆《おお》われ、身体はたるみ曲がっているこの男はだれか。この変わりようはもともとなのか、偶然なのか」……

「美しい姿を奪うものであり、体力を破滅させるもの、悲しみを生みだすもの、快楽の果てるところ、記憶を消すもの、もろもろの感官の敵である老いと呼ばれるものに

よって、この男は砕かれております。というのは、あの男も幼児のときは乳をのみ、時へて地をはい、順を追って美しい若者となりましたが、また同じような順を追って年を取ったのですから」

そう言われて、王子はすこし動揺し、御者に「この弱点は、私にもあるのだろうか」とたずねた。

すると、御者は彼に言った。

「長寿をまっとうされるあなたも、疑いなく時の力によってこのように年を取られます。このように老いが容色を滅ぼすことを知りながらも、人々はそこへ行こうとするのです」

（梶山雄一ほか訳『ブッダ・チャリタ』）

このような老いは、男女を問わず、襲いかかります。若き女性が老いる様を、仏典では「色《しき》（物質的身体）の快楽」と「色の過患《かかん》」として対比して説いています。

比丘《びく》たちよ、たとえば、或《あるい》は王族の少女、或はバラモン族の少女、或は資産家の少女が、年令十五か、十六にして、長からず、短からず、痩《や》せすぎず、太りすぎず、黒すぎず、白すぎずあれば、比丘たちよ、その時彼女は、最高に清浄で、輝ける美貌である、と。比丘たちよ、清浄と輝ける美貌に縁《よ》って生ずる所の安楽・喜悦、これが諸

色の快楽である。（『苦陰経《くおんぎょう》』、玉城康四郎「原始仏教における苦の考察」より引用）

このような「色の快楽」ともいうべき身体の麗《うるわ》しき状態が、やがて「色の過患」となっていくのです。

比丘たちよ、諸の色の過患とは何か。その同じ女性が後に、年齢およそ八十、或《あるい》は九十、或は百となって老衰し、垂木《たるき》のように曲り、ゆがみ、杖にすがり、ふるえながら歩き、病み、老い、歯は抜け落ち、白髪となり、髪は刈りおとされ、禿頭《とくとう》となり、皺《しわ》がより、体に斑点ができているのを見れば、比丘たちよ、汝等《なんじ》はそれをいかに思うか。前には清く輝ける美貌であった彼女が消失して、過患が現われた、と思うであろう。（同）

このような老いゆく姿は万国共通です。日本においても、幕末の臨済宗の僧侶、仙崖《せんがい》和尚は次のような歌を詠《よ》んでいます。

老人六歌仙

しわがよる、ほくろができる、腰まがる、頭ははげる、毛は白くなる。
手はふるう、足はよろつく、歯は抜ける、耳は聞こえず、眼はうとくなる。
身にあうは、頭巾《ずきん》、襟巻《えりまき》、杖、眼鏡、ゆたんぽ、温石《おんじゃく》、しびん、孫の手。

聞きたがる、死にともながる、淋《さび》しがる、心はまがる、欲ふかくなる。
くどくなる、気短になる、愚痴《ぐち》になる、出しゃばりたがる、世話やきたがる。
またしても、おなじはなしに孫誉める、達者自慢に、人あなどる。

そして、老いは、ブッダ自身も免れることはできませんでした。出家をする以前の若き日に、他者において見出した「老い」が、数十年の時を隔てて、ブッダ自身にも訪れたのでした。

アーナンダよ、わたしはもう老い朽ち、齢《よわい》をかさね老衰し、人生の旅路を通り過ぎ、老齢に達した。わが齢は八十となった。譬《たと》えば古ぼけた車が革紐の助けによってやっと動いて行くように、恐らくわたしの身体も革紐の助けによってもっているのだ。

しかし、向上につとめた人が一切の相《そう》をこころにとどめることなく一部の感受を滅ぼしたことによって、相の無い心の統一に入ってとどまるとき、そのとき、かれの身体は健全（快適）なのである。（中村元訳『ブッダ最後の旅』）

この一節では、避けることのできない老いという事実をブッダ自身が確認して語っています。しかし、老いの苦しみからは解放され、健全、快適であるといいます。老いるという身体的変化を避けることのできないものとして受容すること、そして老いの中においてもなおかつ生かされているいのちを喜び、感謝の中で生きていくこと、そのような生き方においては、老いが苦しみとして働かなくなる世界があるということをブッダ自身が体験し、語っているのです。

次の言葉などは、老いを積極的にとらえたものといえます。

> 頭髪が白くなったからとて〈長老〉なのではない。ただ年をとっただけならば「空しく老いぼれた人」と言われる。
>
> 誠《まこと》あり、徳あり、慈《いつく》しみがあって、傷《そこな》わず、つつしみあり、みずからととのえ、汚れを除き、気をつけている人こそ〈長老〉と呼ばれる。（中村元訳『真理のことば』）

超高齢化社会の到来を目前にひかえた日本において、老いゆく者自身も、またやがて老いてゆくであろう者も、老いに対してどのように向き合い、受けとめていくか、避けることのできない老いの中にありながら、どこに「長老」と呼びうる老いの積極的意味を見出していくか、ひとりひとりにその生き方が問われているといえます。

五　病むということの学び（病苦）

仏典では、病《やまい》について次のように説いています。

見よ、粉飾された形体を！（それは）傷だらけの身体であって、いろいろのものが集まっただけである。病に悩み、意欲ばかり多くて、堅固でなく、安住していない。
この容色は衰えはてた。病の巣であり、脆《もろ》くも滅びる。腐敗のかたまりで、やぶれてしまう。生命は死に帰着する。（中村元訳『真理のことば』）

ゴータマ・ブッダの青年時代における四門出遊《しもんしゅつゆう》のエピソードでは、南門を出た時に病人にであった場面を次のように描いています。

「腹がふくれあがり、息をするたびに身体が上下し、肩と腕がだらりと下がり、肢体《したい》は痩《や》せて青白く、他人に寄りかかりながら、『お母さん』と哀れに叫んでいるあの男はだれか」

するとき御者は言った。

「この男はかつては壮健だったのですが、今は身の自由もきかないようになってしまいました。殿下、それは、体液の不調より生じて力を増した、病という大きな不幸のせいなのです」

王子は憐れみを覚えてその男を見つめながら続けた。

「この弱点はこの男にのみ起こったのか。病の恐れは生きものにおしなべてあるのか」

すると御者は「王子様、この弱点は人に共通のものです――」と言った。

（梶山雄一ほか訳『ブッダ・チャリタ』）

そして、このような病《やまい》は、やがてブッダ自身にも襲いかかってきます。八十歳の時、旅を続けるブッダは病に冒されます。その場面を『ブッダ最後の旅』では次のように描いています。

さて鍛冶工の子チュンダの食物を食べられたとき、激しい病が起こり、赤い血が迸《ほとばし》り出る、死に至らんとする激しい苦痛が生じた。尊師《そんし》は実に正しく念《おも》い、よく気をおちつけて、悩まされることなく、その苦痛を耐え忍んでいた。

さて尊師は若き人アーナンダに告げられた、「さあ、アーナンダよ、われらはクシナーラーに赴こう」と。

「かしこまりました」と、若き人アーナンダは答えた。

ブッダの生きていた時代から二千数百年を経て、現代に生きる私たちは病の苦しみから解放されているといえるでしょうか。日本人の三大死亡原因は癌《がん》、心臓病、脳卒中の順であり、この三つの病気で死亡原因の実に六割を占めているそうです。逆にいえば、これらの病気に苦しまなくて死ねる人は十人に四人しかいないというのが偽らざる現実なのです。

今後、医療技術がどれほど進歩したとしても、人間が病気にかからなくなるということ、かかった病気がことごとく治癒《ちゆ》可能となるということは永久にありえないでしょう。

そうだとすれば、やはり、避けることのできない病気にかかった時に、あるいは治癒することのできない病気にかかった時に、その病とどのように向き合い、病によってひき起こされる身体的、心理的苦しみをどのように受けとめ、乗り越えていくかということが、ますます大切になってきているのではないでしょうか。

六　死ということの学び（死苦）

生・老・病・死の苦しみの中で最もその苦しみや不安、恐怖が大きいのは、死の苦しみではないでしょうか。死は、自分自身においても、また自分に身近な人においても、人々を悲しみ、苦しみ、苦しみのどん底に突き落とします。

仏典においても、死の苦しみは他の苦しみ以上に詳しく説かれています。『感興のことば』というお経の中には、死に関して次のように述べられています。

朝には多くの人々を見かけるが、夕べには或る人々のすがたが見られない。夕べには多くの人々を見かけるが、朝には或る人々のすがたがみられない。

「わたしは若い」と思っていても、死すべきはずの人間は、誰が（自分の）生命をあてにしていてよいだろうか？　若い人々でも死んで行くのだ。──男でも女でも、次から次へと──。或る者どもは母胎の中で滅びてしまう。或る者どもは産婦の家で死んでしまう。また或る者どもは這《は》いまわっているうちに、或る者どもは駆け廻っているうちに死んでしまう。

老いた人々も、若い人々も、その中間の人々も、順次に去って行く。——熟した果実が枝から落ちて行くように。（中村元訳『感興のことば』）

また、『スッタニパータ』というお経にも、死に関する記述は多く見られます。

ああ短いかな、人の生命よ。百歳に達せずして死す。たといそれよりも長く生きたとしても、また老衰のために死ぬ。（中村元訳『ブッダのことば』）

人が「これはわがものである」と考える物——それは（その人の）死によって失われる。（同）

若い人も壮年の人も、愚者も賢者も、すべて死に屈服してしまう。すべての者は必ず死に至る。（同）

見よ。見まもっている親族がとめどなく悲嘆に暮れているのに、人は屠所《としょ》に引かれる牛のように、一人ずつ、連れ去られる。（同）

泣き悲しんでは、心の安らぎは得られない。ただかれにはますます苦しみが生じ、身体がやつれるだけである。（同）

たとい人が百年生きようとも、あるいはそれ以上生きようとも、終には親族の人々から離れて、この世の生命を捨てるに至る。だから〈尊敬さるべき人〉の教えを聞い

て、人が死んで亡くなったのを見ては、「かれはもうわたしの力の及ばぬものなのだ」とさとって、嘆き悲しみを去れ。（同）

このような死の苦しみをどのように受けとめ、また乗り越えていけばよいのでしょうか。最後の詩句は、その方法を簡潔に示唆しているように思えますが、さらに具体的なエピソードとしてキサーゴータミーの話があります。

裕福な家の若い嫁であったキサーゴータミーは、そのひとり子の男の子が、幼くして死んだので、気が狂い、冷たい骸《むくろ》を抱いて巷《ちまた》に出、子供の病を治す者はいないかと尋ね回った。

この狂った女をどうすることもできず、町の人々はただ哀れげに見送るだけであったが、釈尊（ブッダ）の信者がこれを見かねて、その女に祇園精舎《ぎおんしょうじゃ》の釈尊のもとに行くようにすすめた。彼女は早速、釈尊のもとへ子供を抱いて行った。

釈尊は静かにその様子を見て、「女よ、この子の病を治すには、芥子《けし》の実がいる。町に出て四・五粒もらってくるがよい。しかし、その芥子の実は、まだ一度も死者の出ない家からもらってこなければならない」と言われた。

狂った母は、町に出て芥子の実を求めた。芥子の実は得やすかったけれども、死人の出ない家は、どこにも求めることができなかった。ついに求める芥子の実を得ることができず、仏のもとにもどった。かの女は釈尊の静かな姿に接し、初めて釈尊のことばの意味をさとり、夢から覚めたように気がつき、わが子の冷たい骸を墓所におき、釈尊のもとに帰ってきて弟子となった。（『和英対照仏教聖典』「長老尼偈註」）

キサーゴータミーは、ブッダの導きによって、深い悲しみの中にありながら、死というものの避けがたい真実のあり方に気づいたのです。

ブッダは、現われ出た人々の苦しみについて語るだけでなく、その苦しみを解決していく道についても語っています。学生メッタグーとブッダとの対話を見てみましょう。

メッタグーさんがたずねた、

「先生！あなたにおたずねします。このことをわたしに説いてください。あなたはヴェーダの達人、心を修養された方だと私は考えます。世の中にある種種さまざまな、これらの苦しみは、そもそもどこから現われ出たのですか」

師（ブッダ）は答えた。

「メッタグーよ。そなたは、わたしに苦しみの生起するもとを問うた。わたしは知り得たとおりに、それをそなたに説き示そう。世の中にある種種様々な苦しみは、執着を縁として生起する」(中村元訳『ブッダのことば』)

「このようにしていて、よく気をつけ、怠ることなく行う修行者は、わがものとみなして固執したものを捨て、生や老衰や憂いや悲しみをも捨てて、この世で智者となって、苦しみを捨てるであろう」(同)

およそ人間として生きている限り、老・病・死自体から永久に逃れることはできません。仏教では、この対話からも明らかなように、老・病・死という生命現象の変化によって引き起こされる苦しみの原因は執着にあるとみなします。止めることのできない生命現象の進行を、その対象を愛するが故に止めたいと執着し、にもかかわらず止めることができない状況が生じた時、苦しみが生起してきます。

したがって、このような苦しみの構造を深く見つめ、把握することによって、人間にとって避けることのできない苦しみを乗り越えていく可能性が開かれてくるのではないでしょうか。仏教は、そのような可能性を深く説き明かした教えであるといえます。

七　その他の苦しみ
――愛するものと別れる苦しみ、嫌いな人とつき合う苦しみ、欲しいものが手に入らない苦しみ、身心の乱れが作る苦しみ

人間が目の前の現状を、ただ自分の「思い通りにならない」と思いこんでしまう代表的な状況を四苦八苦《しくはっく》といいます。ただし、仏教が説く「苦」とは、どこかに私と離れた固定的で実体的な「苦」があって、それにたまたまであってしまったから苦しむというものではありません。

四苦八苦の「苦」とは、あるがままの事実（生・老・病・死するいのち）をあるがままに受けとめない、真実に暗く迷った人間が、自分の都合のみを追い求めるために却って苦しみを生みだすのだと仏教は教えます。つまり、「苦」とはその時々に人間が生みだすものです。

たとえば同じ出来事でも、それを受けとめる私たちの心のあり方や平生の生き方によって、「苦」と受けとめふさぎこむことにもなれば、また些細なこととして受け流すことも

あります。あるいは、人によっては人生の大切なことに気づくきっかけにもなり、同じことが人生を深めるものに変わります。

先の四苦では、わが身が思い通りになるはずだという迷いの思いこみが、身体性という事実をきっかけにして「思い通りにならない」生・老・病・死の苦が生まれることを示しました。それに対して、これから述べる残りの四苦は真実をさとらない迷いの心のあり方、つまり煩悩《ぼんのう》というものが原因となり、そこにさまざまな精神性と身体性がきっかけ（条件・縁）となって苦を生みだすことをまとめて述べたものです。

思い通りにしたいというのが、私たちが無自覚に抱えるものの見方であり生き方です。しかし、現実は思い通りになることばかりではありません。この思い通りにならないことをインドのサンスクリット語では「ドゥフカ」（duḥkha）といい、漢訳して「苦」と呼ばれるようになりました。

愛する者と別れる苦しみ「愛別離苦」

私たちは、愛《いと》しい人、可愛《かわい》いと思っている人、頼りにしている人、自分の生きる励みとなる人といつまでも共にいたいと願います。具体的には家族、友人、恋人など、いわゆる二人称で呼べる相手が愛しい相手です。（しかし、最近ではペットロスという言葉が社会に定着するほど、動物などに対する思いにも共通するものがあり、愛する者とは大変幅広いものであるといえる）

しかしながら、現実にはであったものはいつか必ず別れる時がきます。それは突然のこともあれば、前もって予測されることもあります。

家族とは身近に暮らしているので普段は気づきにくいのですが、別れてみてはじめて相手がいてくれることで私たちは支えられ、生きる励みをもらっていたことに気づくことがあります。

友人や恋人は、共に過ごす時間の中で、その関係は強く深められます。そして、友情や愛情が深まり、子供に恵まれたりすると、その喜びは大きく強くなります。

その時、私たちはいつまでも一緒にいたいという思いが強ければ強いほど、別れの悲しみや辛さは大きく深くなり、それが苦しみとなります。このように親しいものとの別れは大きな苦となるのです。人を愛し、好きになるのは素直で自然な感情ですから、この苦はなかなか無くなるということがありません。漢訳した仏教用語では、この苦を「愛別離《あいべつり》苦《く》」と呼びます。

嫌いな人とつき合う苦しみ「怨憎会苦」

これとは反対に、私たちは、嫌いな人、怨《うら》みを抱く人、憎い人、生きる気力を失わせるような人とは一緒にいたくないと願います。（最近では引きこもりといい、他者との接触を嫌う生き方が青年層を中心に見られることが注目される）

特別に人工的に都合のよい空間を作り、好きな人だけに会えるようにし、それを保ちつづけることは難しいので、自分から引きこもるということすら生まれるわけです。しかし、現実に多くの場合、私たちは嫌な人とも会わなければならないことがあります。

憩《いこ》い、安らぐはずの家族（親子、兄弟、夫婦、舅《しゅうと》姑《しゅうとめ》、婿嫁《むこよめ》など）が、怨んだり憎んだりする巡り合わせになることもあります。また、学校や職場や近隣のつき合いなどでも、自分の努力や工夫だけではどうにもならぬ巡り合わせがあり、そこに嫌な人や憎い人と避けられぬであいが生まれます。

自分にとって都合の悪いもの、好ましくないものという思いがあるから、会いたくないという気持が生まれます。

このようにしてものごとを自分の都合で分けて判断することを仏教では分別《ふんべつ》といいます。

この気持が強ければ強いほど、その都合の悪い人とであったりつき合ったりすることは苦しみになります。

この世は自分の思いのままにならぬということをあらためて実感するのが、この「怨憎《おんぞう》会苦《えく》」と呼ばれる苦です。これも私たちが持つ、思い通りにしたい、都合のよいようにしたいという気持が生みだす苦です。あらゆる人を平等に、分け隔てなく見ることができれば、このような苦しみを持たなくても済むのでしょうが、現実には迷いを抱えている私たちには不可能なことです。それでこの怨憎会苦も人類にとって普遍的な苦として数えられるのです。

欲しいものが手に入らない苦しみ「求不得苦」

私たちには、まわりの人たちが持っているから自分も欲しい、あるいはまわりの人たちが持っていないから自分だけは欲しいという思うことがあります。しかし、いつでも自分の思い通りに手に入るとは限りません。そこに苦しみが生まれます。

お金が充分にないと苦しみ、成績・業績が足りないと苦しみ、家族・友人・恋人に恵まれないと苦しみ、さらに人の評価・名声が足りないと苦しみます。

ブッダは、「ヒマラヤ山を黄金にして、さらに二倍にしても人間の欲は満たせない」とおっしゃっています。これは金銭にとどまらず、それほど、人間が何かを求める欲というものは根深く、また止まることなく拡大していくものだということを教える言葉でしょう。現実に私たちも、たとえ今の二倍の小遣いや収入に恵まれても、実際にはさらに多くを望む姿を自分や社会の中に見ることができます。

こうした欲はさまざまな社会問題ともかかわります。人のものを盗むことは悪事であり、罪であると知りながら、現在でもさまざまな犯罪行為がなくなりません。これも、この人間の欲が際限のない証拠といえます。

しかもこの欲の正体は、人間の個別的で一時的な要求を願うだけであって、自分を含めあらゆる人に通じた普遍的で永続的な真の願いを満たすものとなっていないということです。つまり、この欲はその場限りで、個人的な要求を満たすだけだということです。さらにこの欲は先の四苦において、永遠の若さや健康や不死を求めることで返って老・病・死の苦を生みだすこととつながるでしょう。

こうした人間の欲にもとづく苦を「求不得苦《ぐふとっく》」と呼びます。

身心の乱れが作る苦しみ「五蘊盛苦」

この二度とない誰にも代わってもらえない「いのち」――人間はどうしたら苦しみ悩みを超えて真に豊かに満たされた生き方に恵まれるでしょうか。ブッダはこのことを求め、目覚《めざ》め、自らその実践を継続し、また人々に説きました。その教えは、その時代の認識論や世界観にもとづいていたので、人々がうなずきやすいものでした。

四苦八苦の最後に掲げられる「身心の乱れが作る苦しみ」も、苦を超えるための正しい認識が含まれています。

仏教ではこの苦を「五蘊盛苦《ごうんじょうく》」と呼びます。当時インドでは人間を構成するすべての要素を五蘊といいました（蘊とは集まりの意味で、身体と精神を五つの要素に分けて示した）。詳しくは色《しき》・受《じゅ》・想《そう》・行《ぎょう》・識《しき》といわれます。

色《しき》は人間の肉体（後にすべての物質を含む）、受は感受作用、想は表象作用、行は意志作用、識は認識作用を意味します。これらすべてが煩悩と共に成り立ち、煩悩と共にはたらくので、人間存在が苦を作りだすもとになっており、そして人間存在そのものが苦であるというのです。

このように人間存在が苦であり、その人間が作りだすこの社会もまた苦にあふれているという指摘が仏教の苦の認識です（聖徳太子《しょうとくたいし》は、これを「世間虚仮《せけんこけ》」、つまり、この世の姿は虚《むな》しく仮《かり》なるものにすぎないと指摘している）。しかし、仏教は決して虚無主義や厭《えん》世《せい》的な生き方を説くのではありません。

仏教は、だからこそ四苦八苦の教説によって苦を正しく認識し、苦を超えることを説くのです。そして、真に豊かで目覚めた生き方を実践していくことを勧《すす》めているのです。

八　現代社会の諸問題と仏教
――環境・戦争・差別などの問題をめぐって

仏教は、アジアの広域に定着し、その他の地域にもひろまりましたが、かつて盛んであっても今は廃《すた》れた地域があります。インドでは十三世紀初頭、イスラム軍の侵攻により滅亡したといわれます。中国でも共産党成立以降、特に文化大革命の影響で仏教は決定的に弾圧され激減しました。日本では今、仏教と聞いても、現実の諸問題を見つめその苦悩を超えて生きぬく教えという認識は少なく、葬式・法事《ほうじ》などの死者供養《くよう》や即物的利益・占いなどの呪術《じゅじゅつ》（まじない）として多くの人には誤解されています。

一方で、西欧など非仏教圏から仏教への関心が高まっています。近代主義が、経済性と合理性を偏重した結果、環境破壊・貧富格差などさまざまな問題が生じました。今、人間の権利のみの主張だけではなく、仏教の縁起《えんぎ》の思想を起源とする「お陰様《かげ》」や「勿体《もったい》ない」という生き方が生活に定着している東洋の仏教的なものの見方や考え方が注目されています。（ケニアの環境副大臣でノーベル平和賞受賞者ワンガリ・マータイ氏が一言ですべての関係を言い尽くす「モッタイナイ」を発言し注目された）

日本の仏教は、地域社会に根ざしてさまざまな活動を展開し、人々の生きる依《よ》りどころになっている側面もありますが、近代性を求める現代社会にはなかなか認知されていません。また、いじめ、自殺、靖国《やすくに》、戦争、差別、環境、貧困などが問題になっても、宗教者に意見を求める意識が稀薄になっています。そのため社会の諸問題に関して仏教者の発言や行動がありながら、それが教団内などにとどまり、社会とのつながりが生まれにくいのも現状です。

では、仏教が社会の諸問題に対してどのような発言や行動をしているか、あるいは、どのように開かれたあり方を形成していくべきかを、いくつかの項目に分けて、極めて簡潔ですが、問題を提起したいと思います。

なお、こうした問題は、仏教の理念や倫理にもとづく宗教性の視点と、現代社会の経済性や合理性を重視する世俗性の視点という二つの論点がせめぎ合います。そのため一元的に断定的な解答を示すことはできませんが、仏教を学ぶ中で、ここに提起するような視座や行動が生まれる可能性があることを知っておいていただきたいのです。

環境と縁起

かつて自然と人間を対立する概念としてとらえていた視点が、環境問題を論じる中で自然を守るとか自然に優しいという構図でとらえ直しをするようになってきました。さらにそれは現在、ディープエコロジーという視点で、人間の営みも大きな自然の中で成り立つというかたちで展開しています。（注：ディープエコロジーとは、現在の社会システムと文明の変革、そして各自の「世界観」と「価値観」を改め、意識変革を説く環境論のこと）
仏教は、縁起《えんぎ》の教説から、人間はもともと自然そのものであり、生かされていると説きます。また、仏の智慧《ちえ》は、あらゆるいのちや存在は、その成立が縁起によっているという点でまったくの平等であると説きます。するとそこには、一回限りのかけがえのない存在として慈《いつく》しみ大切にしようとする、他者への慈悲《じひ》という具体的なかかわり方が生まれます。つまり仏教の生命観では、一切のいのちは他の存在との無限の連帯の上に成り立つとみるのです。インドではこれを「サットバ」（衆生《しゅじょう》）といいます。『涅槃経《ねはんぎょう》』では「一切衆生悉有仏性《しつうぶっしょう》」といい、すべての衆生は仏《ぶつ》になる命を宿していて平等だと説きます。これが中国を経て日本仏教では古来の宗教観と重なり、「山川草木悉皆成仏《さんせんそうもくしっかいぶつしょう》」（謡曲『知章《ともあきら》』）と深まり、鉱物なども同じいのちを持つと見ました。

私のいのちと同じようにかけがえのないものとして自然を受けとめ、その倫理に生き、さらに自然に感謝するという、環境に対する視点が仏教にあるということです。そこから、自利《じり》（人間の利益）が利他《りた》（自然の利益）であるような新しい経済システムや社会システムを生みだす必要があり、広汎で多角的な可能性の展開が期待されます。

戦争と不殺生

国家が交戦権を認め、つまり人を殺すという暴力によって問題解決をする政策が戦争です。しかし、基本的に戦争に対して、それを回避しようとする倫理が仏教にはあります。まず仏教はいのちあるものを殺すことを「不殺生戒《ふせっしょうかい》」で罪悪とします。またブッダは、

「すべての者は暴力におびえ、すべての者は死をおそれる。己《おのれ》が身にひきくらべて、殺してはならぬ。殺させてはならぬ」（『法句経《ほっくきょう》―ダンマパダ』）と述べています。大乗経典には、「兵戈無用《ひょうがむよう》（仏の教えの弘《ひろ》まるところ、兵隊も武器も無用となる）」（『無量寿経《むりょうじゅきょう》』）と言及しています。

戦争は敵対する立場のものが自分の正義を掲げて戦いますが、仏教は基本的に正義を説きません。むしろ、正義の主張を迷いとします。六道輪廻《りくどうりんね》の阿修羅《あしゅら》とは、正義にこだわり、慈悲の心を失った迷いの姿として示されます。実際に正義の主張の末、戦争に勝った時、そこには反省も慚愧《ざんき》もなく、戦勝国の権利の主張のみがあります。（戦勝国は原爆投下を正当化している）

明治以前、仏教の教えをもとに、日本では怨親《おんしん》平等の考えから、たとえ戦争に勝っても敵味方の犠牲者を追悼《ついとう》してきました。また、一九四五年、敗戦した日本に対し、ブッダの「怨《うら》みに報いるに怨みを以てせば、ついに怨みの息《や》むことがない。堪《た》え忍ぶことによって、怨みは息む。これは永遠の真理である」（『法句経』）を引いてサンフランシスコ平和条約でセイロン（現スリランカ）代表は慈悲をもって損害賠償を要求する資格を棄却《ききゃく》しています。

国家に不殺生の倫理を求めることは難しいことですが、仏教に生きるとは、戦争を罪悪であるという自覚を持たせるものです。かつて日本の仏教教団は先の侵略戦争に加担し、教学を曲げて協力をした悲惨な過去を反省し、非戦・平和を勧《すす》め、平和憲法を擁護しています。

差別と宗教性

私たちの社会には、人種・皮膚の色・障害・病・性・学歴・職業・収入・年齢・出身地・思想・宗教などによるさまざまな差別の現実があります。そうした差別により、区別・排除・制限・優先がなされ、政治・経済・社会・文化的に、またその他のさまざまな生活において平等な人権や基本的自由が束縛《そくばく》される事件が起きています。私たちは、差別という事実に気づかないと、差別している自覚を見失い、また差別されていることも見過ごして、差別する側の人間となり、同時に差別される側の人間にもなっているのです。

現代では、人権思想と啓発運動によって具体的・歴史的に差別を指摘し、打開する営みが続けられています。仏教も同様に抽象的・観念的なものでなく、差別の現実に対応してきました。

ゴータマ・ブッダは平等の共同体を仏教教団（サンガ）に実現しようとしました。それは当時、差別的なカースト制度を正当化する伝統的バラモン教の輪廻転生《りんねてんしょう》を否定することでした。輪廻説は、現実社会の貧富・困窮・身心の障害・病・肌の色・生まれによる階級などを、すべて前世の業《ごう》の結果だと説きました。つまり、伝統的な宗教が、人々に差別を忍従させ、さらに貴賤《きせん》や浄穢《じょうえ》意識を助長し、身分制度を温存させていたのでした。

ブッダは、「生まれによって賤《いや》しい人になるのではない。生まれによってバラモンになるのではない。行為によって賤しい人ともなり、行為によってバラモンともなる」(『スッタニパータ』)と行為によって人間は尊《たっと》ばれるものであることを示しました。

仏教の目覚《めざ》めは、私たちの迷いが作りだしている苦悩の現実を見つめ、それから解放する生き方を示します。すると、まったく根拠のないものに縛《しば》られる迷信的な信仰意識が、根拠のない差別を容認する意識とつながっていることが知らされます。

たとえば日本には原初的宗教感覚として死、血を忌《い》まわしいもの、そして穢《けが》れたものとして忌避《きひ》する意識があり、差別を生みだしています。死や死骸にかかわる人や職業を穢れたものとする宗教性は今でも清め塩などとして残っています。それは一方で、死にかかわらないことや、死とは対極にいる人々を清らかな貴《とうと》ぶものとする意識を生みだしました(職業差別、貴種信仰など)。また女性の生理や出産も穢れとされ、今でも女人結界《にょにんけっかい》・土俵・

トンネルや船の工事などから女性を排除し、気づかぬうちに女性差別を社会の中に温存しています。このように浄穢思想は日常生活で排除と差別を生み、それを支える血統主義を支え、身元調査などの弊害を作っています。

こうした宗教性は習俗・迷信というかたちで私たちの生活に直接、間接に大きな影響を与えています。たとえば何の根拠もない丙午《ひのえうま》の迷信により一九六六年の出生数は前年の約七五％に落ち、死産率は約一七％高くなりました。しかし、一九〇六年の前年比はそれぞれ約九六％と約八％なので、むしろ戦後迷信の影響は強くなっています。

また、六曜《ろくよう》（暦《こよみ》の注記の一つで、先勝《せんしょう》・友引《ともびき》・先負《せんぷ》・仏滅《ぶつめつ》・大安《たいあん》・赤口《しゃっく》のこと）が生活に及ぼす影響は結婚、葬式、旅行、見舞、仕事、さらに原発運転や新車発表などにもあります。しかし、日の善し悪しとその人の運勢はまったく関係がないと言い切ったのがブッダの目覚《めざ》めの教えです。

実際、六曜を気にする人と身内の結婚相手の家柄を気にする人は高い割合で重なること、また、血液型と性格に関係があると考える学生には人種差別意識の強い傾向があるという調査結果も報告されています。つまり、両者とも何の根拠もないものに振り回され、いのちの平等のあり方に背《そむ》き、差別を容認しているということです。

しかし、日本の仏教の教団の中には、迷いの煩悩がある限り差別してもしかたがないという意見や、差別されている人々に無関心な態度もあり、かつて差別を容認した歴史が今も残っています。差別を支える要因のひとつに迷った宗教性があることは充分に考察されるべきことです。

経典に書いていない臓器移植、原発、遺伝子操作など、現実社会からさまざまな問題が突きつけられています。仏教は心の持ち方ですべての問題が解決できると思い上がることなく、また現実の政治・経済・思想の流れに振り回されることもなく、積極的に現実に耳を傾け、社会に向けて発言し行動することが重要です。

付一　仏教と看護学

仏教と生・老・病・死

仏教の出発点は人間の現実である生・老・病・死の問題を解決することにありました。この世に生まれ、年を老い、病《やまい》を得て、死してゆくという現実、これはいかなる人間とっても避けられない必然的な事実です。英国の作家のサマセット・モームが、人間の死亡率は一〇〇パーセントといったそうですが、まさしく、これに関してはいささかの例外もありません。

人間が一生の間、骨身を削《けず》って努力をしながら、営々として地位・財産・お金・名誉・権力、その他もろもろを築き上げていったとしても、最終的には、それらすべてを捨てて、無に帰して、裸一貫となって去っていかなければなりません。どれだけ栄耀栄華《えいようえいが》を誇ろうとも、去っていくときには、ただ一人となって逝《ゆ》かなければならないのです。

この現実を『無量寿経《むりょうじゅきょう》』には「人、世間愛欲のなかにありて、独り生まれ、独り死し、独り去り、独り来る」と説かれています。人間はこのような自分自身の現実から目をそむけて、ただひたすら自分たちの欲望欲求を満たすことに血道《ちみち》をあげようとしますが、最終的に私たちは、老・病・死の現実にいやおうなくさらされざるを得ません。そして、ここに人間存在が「苦」として認識される根拠があるのです。

先に述べたように、ブッダは若き王子の時代にこの問題を深く受けとめて、宮廷における栄耀栄華も地位・財産・名誉・権力など、自分に約束されたすべてのことを、究極的に空しいものと投げ捨てて、出家修行者の道を歩まれました。ブッダガヤーの菩提樹《ぼだいじゅ》の下で悟りを得てブッダになられたのも、生・老・病・死の問題を解決され、それを超えてゆく道を私たち衆生に開示されるためだったのです。

看護と生・老・病・死

現代社会において、看護を含めた医療というものは、文字どおり生・老・病・死にかかわる仕事にほかなりません。出産から治療、介護・ターミナルケアに至るまで、医師・看護師などの仕事・役割は尽きることがありません。特に現在では、自宅ではなく病院で亡くなる人が大部分となっているので、医師・看護師のなすべき役割はなおさら大きくなっています。

現代日本は長寿高齢化が進展して、昔の「人生五十年」といわれた時代に比べて、比較にならないほど平均寿命が延びてきており、人生の三分の一は高齢者として過ごさなければなりません。以前は、勤めをリタイアすれば、もはや余生いくばくもないという感覚でしたが、現代では、それから第二の人生が開かれるようになっています。

しかし、健康で第二の人生を送ることができればいいのですが、必ずしもそう都合よくはいかないようで、身体のどこかが具合悪くなるということの方が当たり前になっているようです。ベッドの上に横たわったまま十年間も過ごさなければならないということも、決してまれなことではありません。医療技術が発達しているから、それでもなんとか生きていくことはできますが、果たしてそれが充実した人生なのかという疑問が生じるのも当然といえましょう。

現在ほど、人がいかに老いるか、いかに病と向き合うか、いかに死を迎えるかということが切実な問題となりつつある時代はありません。また医療も、いかに患者を治療延命させるかということだけではなく、人生のゴールを迎えつつある人々をいかに支え、寄り添っていけるかということが重要な課題となりつつあります。

今から二千数百年前のインドに現われて、生・老・病・死の問題の解決こそ、人間にとって最も重要で最終的な課題であることを提唱したブッダの教えは、ある意味では現代人にとっての最大の課題を先取りしていたといえるでしょう。ここにおいて、医療看護について仏教がなしうる貢献は大いなるものがあるといえるのではないでしょうか。

仏教と看護――慈悲と共感

仏教の本質は智慧《ちえ》と慈悲《じひ》であるといわれています。ブッダも自己を見つめる智慧と、一切の衆生に対する慈悲を成就《じょうじゅ》した方です。

「慈悲」とは、弱いもの、苦しむもの、悲しい思いをしているものに哀れみをかけて、助けてあげよう、救ってあげよう、支えてあげようという心です。その本質は打算でなされるものではなく、見返りを求めずに、一方的な思いでなされます。

仏《ぶつ》や菩薩《ぼさつ》は「無縁の慈悲をもって、一切の衆生を摂取《せっしゅ》したもう」といわれます。「無縁の慈悲」とは、いかなる衆生も差別しない平等の慈悲のことです。平等も差別も本来は仏教の言葉であり、ブッダの智慧と慈悲の本質的なはたらきを示すものですが、このブッダの衆生に対する慈悲は「平等の慈悲」であって、上から下を見下ろして哀れむようなものでは決してありません。むしろ、衆生が抱えこむ悩みや苦しみを分かち合い、共に悲しむ心のことであり、慈悲の「悲」という語にはそのような意味がこめられていると思われます。

日本語では「共感」、英語ではコンパッション（compassion）です。つまり、等しき人間として喜びや苦しみを分かち合うところに仏教的慈悲の本質があるといえるでしょう。これからの看護の現場でも、看護師・医師・ソーシャルワーカーと患者・家族との間の人間的共感の分かち合いが特に期待されます。

付二　仏教と薬学

仏教と医療施設

仏教文化が施薬《せやく》や治療とかかわってきた歴史はさまざまあります。その名称も、病院といい、寺院というように、両者ともその形態を「院」という言葉で呼んでおり、その源流の親近性を示しています。

日本仏教では、聖徳太子が四天王寺《してんのうじ》に四箇院《しかいん》として敬田《きょうでん》院、施薬院、療病《りょうびょう》院、悲田《ひでん》院をおいたといわれます。敬田院は仏教の学問所、施薬院は薬局、療病院は病院の機能を持ち、悲田院は病人や身寄りのない老人などの社会福祉施設のようなものでした。（実際は鎌倉時代に設置され、聖徳太子に仮託されたのは後世という）

慈悲という「薬」

これら医療施設は、仏の「智慧《ちえ》・慈悲《じひ》」という二つの徳性の中でも、特に「慈悲」という社会実践から生まれたものとされます。

さとった仏に顕《あらわ》れた、あらゆるいのちをあるがままに平等に見る智慧という目覚《めざ》めの精神は、他者に平等な思いやりをもって接する慈悲という具体的な態度として発露《はつろ》しました。つまり、仏は迷いの人々を他人事《ひとごと》とせず、わがこととして目覚め救おうと慈悲をもってはたらきかけます。

慈悲に接した人々は、まるで自分の無明《むみょう》（迷い）の生き方に「薬」を与えてくれた人であるという意味で医王《いおう》とか、薬師如来《やくしにょらい》と呼ぶようにもなりました。人々の素朴な心情は、これを医療と重ね合わせ、薬を司《つかさど》るという方向で受けとめました。それが、先に示したような医療施設や薬学という分野で学問研究がなされるようになり、仏教の社会的実践事業として展開したのです。

仏教とビハーラ

今日では、「ビハーラ」という言葉のもとに、患者やその家族、さらに医療関係者が共に仏教を通してかけがえのないいのちを見つめ、共にかかわり合い、患者のいのちを支える、質が高く人間性の深い社会的実践が展開されています。

ビハーラとは、もともとサンスクリット語で「安住・休養の場、散歩・逍遙《しょうよう》して気晴らしすること、仏教徒の僧院または寺院」という意味の言葉です。また、そうした仏教施設は、病人に供給され、医薬の技術道具を充実し、看病人を求め、仏法を説くなどいろいろな機能を持つものでした。

現在、ビハーラは、限りあるいのちと直面した患者やその家族が自分を見つめ、また見守っていける場のことをいいます。（この言葉は仏教をもとにしたターミナルケアの医療施設という意味で使うことを飯田女子短大の田宮仁教授が一九八五年に提唱）

病に苦しみ悩む人と向き合い、しかもそうした社会的な要求の根底に、迷いを抱える人間存在を目覚《めざ》めさせる仏教という宗教性を基盤として据《す》えているのがビハーラです。今、仏教と薬学を考える時、ビハーラと重ねて学ぶことが重要です。

仏教と薬学部

武蔵野大学における取り組みでは、こうした仏教精神を根幹として生命の尊厳を見つめ、しかも学際的なつながりを生む力を育むことだと提唱されています。また、個々人が思考力と論理性をつなげていく創造性を重視し、新たな保健・医療・福祉の時代の人づくりをすることに力点をおいています。

では、薬学部において、慈悲の心を持って患者や生活者に接することができる薬剤師を育成することを目的とし、ただ調剤するだけでなく患者の健康状態に向き合う医療チームの一員としての薬剤師になるとはどういうことでしょうか。

「建学科目」と「仏教と薬学」の中で進められているのがヒューマニティ・コミュニケーションという薬学がめざす新しい理念です。これは、薬剤師が患者やその家族と接したり、医師や看護師などとチームを作り研究し働くうえで、医療人としての人間性の養成を進めるものです。客観的な薬学の知識だけでは薬学全体の目標が達せられないという反省をもとに、現実と即応した実践的行動との接点を重視して生まれました。

そこでは、薬剤師は薬学の最先端の知識を導入し、具体的な人間とのかかわりを通しつつ、さらに仏教が示す深い人間性を持つことが理念として掲げられます。つまり、自らが現状を分析し、判断し、しかも他者との関係性を重視する、よりよい医療人が求められているということです。

薬学と知行一致

こうしたあり方は、知行一致《ちぎょういっち》・知行合一《ごういつ》と呼ばれ、人間教育の基本とされてきました。今、知識偏重の学問研究のあり方が問われる中で、知的学びと同時に実践的行動をわが身を通して一致させることが再評価されています。これは縁起の生き方である報恩感謝という仏教の精神や、思いやりと「おかげさま」の学びとつながります。

このような主張をすると、結局、仏教とは社会のために役に立つ人間づくりをするためにあるという誤解が生まれがちです。かつて仏教は、時代の要求や価値に振り回されて本来の姿を見失い、社会に迎合する道を歩むこともありました。

今、私たちは知識や経済主義のみに偏《かたよ》ることなく、同時に実践的な真理を求めることが自身の生き方を通して明らかにする責任と義務があるということです。なぜなら、医療人も例外なく患者となり、生・老・病・死の人生苦を身に受けます。

薬学という分野も、こうした人間の苦悩のすべてにかかわっていくことを見つめつつ展開するものです。

ゴータマ・ブッダの言葉抄

（一）

1　人の生命は何と短いことか。百才にもならないのに死なねばならぬ。たといこれ以上ながく生きても、結局老衰のために死んでしまう。（『スッタニパータ』）

2　愚かな者たちは、自分が老人になり、死ぬことを避けることができないのに、他人が老人になり死ぬのを見るといやがるが、考えてみると私もいつかは老人になるのであり、死を避けることはできないのだから、他人が老人になり死ぬのを見て、いやがるべきではない。いま若くて、当分死なないといって、おごり高ぶるものはきっと自滅する。そう考えたとき、私の青春のよろこびは、ことごとく断たれてしまった。（『中阿含経《ちゅうあごんきょう》』）

3　父王よ、私は今、恩愛の情を離れて老・病・死をのがれる道を求めて家を捨てます。義母マハープラジャパティーよ、私は苦しみのもとを断《た》とうと思います。我が妻ヤショーダラーよ、人の世には必ず別れの悲しみがある。私はその悲しみのもとを断とうと思いたったのだ。（『方広大荘厳《しょうごん》経』）

4　修行者たちよ、さとりに向かう者は二つの極端に近づいてはならない。快楽にふける生活はひとつの極端である。いたずらに自分を苦しめるのは第二の極端である。この二つの極端を離れたところに中道がある。それこそ心の眼をひらき、智恵を深め、さとりと涅槃《ねはん》に導く道である。修行者たちよ、この中道とは何であるか。八正道《はっしょうどう》がそれである。（『四分律《しぶんりつ》』）

5　色（物質）は無常であると見るべきである。同じように、受・想・行・識（もろもろの精神作用）もまた無常である。このように見る者を、正しく見る者という。正しく見る者は執着《しゅうじゃく》を離れ、欲望を離れる。欲望を離れる者は心に解脱《げだつ》を得る。心が解脱した者には、私は迷いを離れてさとりに至った、という確信が生まれるだろう。（『雑阿含経《ぞうあごんきょう》』）

6　友よ、さとりへの道はまさしく存在する。そして私はその道へと導く。しかし、弟子の中には、その境地にいたる者もあり、いたらない者もある。それをどうすることができようか。私はただ道を教える者に過ぎない。（『中阿含経』）

7 修行者たちよ、私は人間のあらゆる束縛《そくばく》から解放された。汝《なんじ》らもまた、あらゆる束縛から解放された。修行者たちよ、伝道の旅に出るがよい。多くの人々の利益と幸福のために。世をいつくしむために。（『雑阿含経』）

8 我が齢《よわい》は熟した。我が余命はいくばくもない。汝らを捨てて私は行くであろう。修行者たちよ、汝らは精励《せいれい》であって、正しく気をつけ、よく戒《かい》を保て。思惟《しゆい》によってよく心を統一し、自分の心を守れ。この教えと律とに精励する者は、生の流転を捨てて苦の終末をもたらすであろう。（パーリ文『涅槃経』）

9 アーナンダよ、チュンダによくよく伝えるがよい。チュンダの供《そな》えた食事が最後のものとなったが、彼は決して後悔する必要はない、成道《じょうどう》の前に供えられた乳粥《にゅうび》（ちちがゆ）の供養と、入滅の前に供えられたチュンダの供養とは、ともに同じくらい功徳《くどく》の大きい、

価値あるものであった、と。（同）

10　アーナンダよ、もしも私が教団を統率する者であり、教団が私をたよりにしているというのならば、そのような遺言も残さねばならないだろう。しかし、そうではないのだ。私はすでに八十才となった。たとえば古い車が修理してやっと動いているようなものだ。アーナンダよ、そういうものをあてにしてはならない。汝は現在も、私の死後も、汝自身をよりどころとし、真理をよりどころとすべきである。決して他のものをよりどころとしてはならない。（同）

11　アーナンダよ、泣いてはいけない。私はいつも教えたではないか。生まれた者は必ず死なねばならない。死ななければよいと思う方がまちがいなのだ。アーナンダよ、汝は長い間実によく私につかえてくれた。汝はすでに大きな功徳を積んだのだ。これからはいっそう努力して迷いを滅ぼし、さとりに至るようにしなさい。（同）

12　アーナンダよ、そういうこと（葬儀）にかかわってはならない。さとりを求める修行

者は、真理のために努力することだけを考えるがよい。(同)

13　それでは修行者たちよ、別れを告げよう。すべて存在するものは変化してゆくものである。汝らは怠ることなく努力せよ。(同)

(二)

1　この世において、もろもろの怨《うら》みは怨みかえすことによって、けっして静まらない。しかるに、もろもろの怨みは怨みかえさないことによって静まる。これは永遠の真理である。(『ダンマパダ』五。数字は通し番号)

2　「私には子どもたちがいる。私には財産がある」と言って、愚者はそれらに悩まされる。しかるに実に、自己は自己のものではない。まして、どうして子どもたちが自己のものであり、どうして財産が自己のものであろうか。(同六二)

3　およそ、自分が愚かであると考える者は、それだけで賢者である。しかるに、自分が

賢いと考える愚者は、まさしく愚者と言われる。(同六三)

4　無益なる語句からなる詩は、たとい一千あっても、聞いて心静まる一つの詩の語句のほうが、よりすぐれている。(同一〇一)

5　戦場で百万人に勝つよりも、一人の自己に勝つ者こそ、最上の勝利者である。(同一〇三)

6　すべての者は刀杖《とうじょう》におびえる。すべての者は死を恐れる。わが身にひきくらべて、他人を殺してはならぬ。また人をして殺させてはならぬ。(同一二九)

7　仏の子よ、利益《りやく》を得ようとする悪心から、策謀《さくぼう》して国を動かし、軍陣《ぐんじん》に身を投じ、戦争を起こして征服し合い、もって数しれない人々を殺してはならない。求道者たる者は、軍陣の中を歩き回ることは許されない。いわんや、あえて国賊《こくぞく》となることなど、とんでもないことである。(『梵網経《ぼんもうきょう》』)

8　刀杖《とうじょう》などの武器を使わないで、常に正しい智慧《ちえ》にもとづく方法・手段によって、もろもろの悪を遠ざける。（『大般涅槃経《だいはつねはんぎょう》』）

9　仏が歩《あゆみ》を運ばれるところは、どこもみな、その教化《きょうけ》を受ける。国内は平和で、日月は清らかに明るく、風雨は時宜《じぎ》を得ており、災難は起こらず、国は繁栄し、国民は安らかな生活を送り、軍隊や武器を用いることがない（兵戈無用《ひょうがむよう》）。（『無量寿経《むりょうじゅきょう》』）

10　自己こそ自己の主である。他の誰が主であろうか。自己がよく調《ととの》えられたならば、人は得難い主を得る。（『ダンマパダ』一六〇）

11　自分にとってよくないことや、ためにならない事がらは、行ないやすい。それに反して、ためになり、しかもよい事がらは、最も行ないがたい。（同一六三）

12　人間として生を受けることは難《かた》く、死すべきものの今いのちあることは難し。正しい教えを聞くこと難く、仏たちの世に出現したもうこと難し。（同一八二）

13　経典は読まなければ汚れ、家屋は修理しなければ汚れる。美貌《びぼう》の汚れは怠《おこた》りから生じ、感官《かんかん》の汚れは放逸《ほういつ》から生じる。（同二四一）

14　他人の過《あやま》ちは見やすく、自分の過ちは見がたい。まことに、人は実《み》と籾殻《もみがら》をより分けるように他人の過ちをただすが、自分の過ちは覆いかくす。（同二五二）

15　たとい若くてもブッダの教えに専心する修行者は、あたかも雲間から出た月のように、この世を照らす。（同三八二）

16　母胎や母系のゆえにバラモンであると、私は説かない。彼は実に傲《おご》る者で、富裕の者である。しかるに、無一物で無執着の者、彼を私はバラモンと呼ぶ。（同三九六）

17　自分は豊かでありながら、老い衰えた母や父を扶養《ふよう》しない人——彼を誤った人と知れ。

（『スッタニパータ』一二四）

18　母、父、兄弟、姉妹あるいはしゅうとめを打ったり、言葉でののしったりする人――彼を誤った人と知れ。（同一二五）

19　利益になることを問われたのに、その人に不利益になることを教え、隠して事をたくらむ人――彼を誤った人と知れ。（同一二六）

20　悪事をしておきながら、「だれも私のしたことを知らないように」と欲し、隠しごとをする人――彼を誤った人と知れ。（同一二七）

21　わが信奉者は、『アタルヴァ・ヴェーダ』の呪《じゅ》法、夢占い、観相《かんそう》、あるいは星占いを行なうべきでない。鳥獣の声占い、懐妊術《かいにんじゅつ》、治療に従事すべきでない。（同九二七）

22　修行者は、非難されてもほめられても、いたずらにこころを動かすことがない。貪《むさぼ》り、もの惜しみ、怒り、そして悪口を除き去れ。（同九二八）

（山崎龍明著『仏教へのいざない』方丈堂出版より。傍点筆者、加筆）

ゴータマ・ブッダ（釈迦牟尼世尊《しゃかむにせそん》）略年譜

西暦（紀元前）	年齢	関係事項
四六三年（異説あり）		四月八日、ゴータマ・シッダールタ、北インド、シャカ族の王子としてルンビニー園で誕生。シュッドダーナ（父）、マーヤー（母）。七日後にマーヤー没。母の妹マハープラジャパティーが養母となる。
四四六年	17歳	この頃ヤショーダラーと結婚。一子ラーフラ誕生。四門出遊の転機が訪れる。
四三四年	29歳	王城の生活を捨てて出家。アーラーダ・カーラマ、ルドラカ・ラーマプトラの二人の仙人に法（真理）を求める。五人の比丘《びく》（修行者）と共に苦行に入る。
四二八年	35歳	苦行を捨て、ネランジャナー河に向かう。ナンダバラ（スジャータ）より乳粥《にゅうび》（ちちがゆ）の供養をうける（異説あり）。ブッダガヤのピッパラ樹の下で座禅に入る。十二月八日早朝、成道（真理をさとる）し、ブッダ（覚者）となる。のち、ヴァーラーナーシー国の鹿野苑《ろくやおん》でかつての五人の比丘に法を説く（初転法輪）。五人の比丘弟子となる。千二百余人の弟子たちとラージャグリハに入り、ビンビサーラ王や、人々に法を説く。ビンビサーラ王、仏門に帰依し、竹林精舎を寄進する。シャーリプトラ（舎利弗《しゃりほつ》）、モッガラーナ（目犍連《もくけんれん》）、弟子たちと共に仏門に帰依。この頃マハーカッサパ（大迦葉《かしょう》）も仏弟子となる。シュラーヴァアスティーの長者、給孤独《きっこどく》、仏弟子となり、祇園精舎《ぎおんしょうじゃ》を寄進する。
四二三年	40歳	グリドラタ山に移ってまもなく父の危篤の知らせが入り、出家後はじめて故郷に帰る。

		父、シュッドダーナ没。(97歳)。この頃、マハープラジャパティー、妻、ヤショーダラー、比丘尼《びくに》になる。またこの頃、実子、ラーフラ仏門に帰依する。
四一三年	50歳	カピラ城に帰り、法を説く。
三九〇年	73歳	ブッダのいとこ、デーヴァダッタ(提婆達多《だいばだった》)、ブッダを迫害する。また、王子、アジャータシャトル(阿闍世《あじゃせ》)をそそのかし、その父王、ビンビサーラ王を殺害させる。王位についたアジャータシャトルは深く後悔し、ブッダにあい仏門に帰依し、のち仏教の保護者となる。
三八五年	78歳	シャカ族(釋迦族)、コーサラ国に滅ぼされる。
三八三年	80歳	スバドラ(最後の質問者)、ブッダの最後の弟子となる。二月十五日クシナガラで入滅する。

ゴータマ・ブッダの四大聖地①ルンビニー(生誕の地)②ブッダガヤ(成道《さとり》の地)③サールナート(初めての説法地)④クシナガラ(入滅の地、入涅槃の地)。「人々よ。泣いてはいけない。憂い悲しみを抱いてはいけない。天地、人物、生があって終わらないものはない。恩愛は無常であり、会う者は離別する。この身は、わがもののようであって、実際はそうではない。真理は永遠であるが、生命は永遠ではない」(『長《じょう》阿含経』)とこの地でブッダは説法したといわれる。

〈参考、『釋迦』松原哲明著、集英社刊。その他参照〉

(山崎龍明著『仏教へのいざない』方丈堂刊より、一部加筆)

第三章　親鸞聖人の生涯と思想に人間を学ぶ

親鸞聖人像（作・江里敏明、武蔵野大学正門横）

一　親鸞聖人の生涯と著述
――苦悩とともに生きる

誕生

親鸞聖人《しんらんしょうにん》は一一七三年（承安三）に誕生しました。父は日野有範《ひのありのり》という藤原《ふじわら》家一門の貴族であったと伝えられています。

藤原家は中臣鎌足《なかとみのかまたり》（六一四―六六九）を祖とする家柄ですが、平安時代には藤原道長《みちなが》・頼通《よりみち》の時代を頂点として貴族政治の全盛を謳歌《おうか》するほどの勢力を誇ったのでした。

しかし、藤原系統のすべてが、すべて羽振《はぶり》が良かったわけではありません。親鸞聖人の生まれた日野家は藤原系統の中では、零落《れいらく》気味の斜陽貴族であったようです。親鸞聖人の祖父、経尹《つねまさ》は「放埒《ほうらつ》の人なり」と伝えられていますが、そのことも、零落《れいらく》に輪をかけたものと思われます。いずれにせよ、後世に親鸞聖人の玄孫《やしゃご》、覚如《かくにょ》が著わした『御伝鈔《ごでんしょう》』に描かれるような華やかな世界に生まれたのではなかったことは確かです。

親鸞聖人がどこで生まれたのかということについては、古い史料には何も伝えていません。しかし、日野家の領地が、古来京都郊外の日野の里（現在の京都市伏見区）にあり、この地に日野家の菩提寺《ぼだいじ》である法界寺《ほっかいじ》（真言宗醍醐《だいご》派）が現存しているということから、親鸞聖人の生誕地もここに想定されています。

法界寺の境内には、現在「親鸞聖人御誕生之地」という石碑が立てられています。また、すぐに隣接して、西本願寺によって「誕生院」が明治時代になって建立《こんりゅう》され、現在に至っています。

明日《あす》ありと思う心の仇桜《あだざくら》

親鸞聖人の母の名は吉光女《きっこうにょ》、また親鸞聖人の幼名は松若丸《まつわかまる》ということについては、よく知られているところですが、古い史料には伝えられず、確実なところはわかりません。

また、親鸞聖人の出家の動機についても確実なことはいえません。しかし、九歳の時に青蓮院《しょうれんいん》で出家得度《しゅっけとくど》し、比叡山《ひえいざん》に登ったことは史実としてはっきりしています。青蓮院は天台宗《てんだいしゅう》総本山の比叡山延暦寺《えんりゃくじ》に所属し、妙法院《みょうほういん》、三千院《さんぜんいん》と共に三門跡《もんぜき》寺院の一つでした。

当時の住職は天台座主《ざす》の慈円《じえん》であり、親鸞聖人の出家得度もこの慈円のもとで行なわれたといわれます。

親鸞聖人の出家得度について、次のような有名な逸話が伝えられています。九歳の親鸞聖人が叔父の範綱《のりつな》と一緒に青蓮院をおとずれたときに、すでに春の陽は西の山に傾きかけていました。そこで、慈円は「今日はもう日が暮れるから、また、明日お出でなさい」と追い返そうとしました。すると、親鸞聖人はすかさず、間髪を入れずに、「明日《あす》ありと思う心の仇桜《あだざくら》、夜半《よわ》にあらしのふかぬものかは」と歌を詠《よ》んだので、驚き感動した慈円はその場で出家得度することを許したといわれています。慈円のもとで剃髪《ていはつ》した親鸞聖人は比叡山へ登りました。平安時代に最澄《さいちょう》によって開かれた比叡山延暦寺は京都の北東に位置するという地の利もあって急速に発展し、強大な権勢を誇ることとなりましたが、反面、最澄の初心からは遠くへだたる状態になっていました。

俗世間における身分秩序がそのまま教団の内部に持ちこまれ、皇族や貴族階級の出身者でなければ、立身出世が望めない状況でした。また、比叡山のみならず、他の園城寺《おんじょうじ》や南都《なんと》諸大寺はみな僧兵をかかえて、何かというと武力をもって勢力争いを繰り返す有り様でした。比叡山では朝廷に対して気に入らないことがあると、坂本の日枝神社《ひえじんじゃ》のみこしを僧兵がかついで、京都の市中を引きまわし、朝廷に強訴《ごうそ》におよぶこともしばしばでした。「スゴロクのサイの目と賀茂川《かもがわ》の水と、比叡山の法師《ほうし》とは思い通りにはならない」という後白《ごしら》河《かわ》法皇のなげきのことばは、まさしく、その状況をあらわしているといってよいでしょう。

親鸞聖人が二十年間過ごした比叡山の当時の有り様はまさしくこのようなものでした。彼が比叡山でいかなる生活をしていたかということについてはよくわからなかったのですが、大正年間に西本願寺の書庫で発見された親鸞聖人の妻恵信尼《えしんに》の手紙によって彼が常行三昧堂《じょうぎょうざんまいどう》の学僧であったことが明らかになりました。

比叡山の中心は東塔《とうとう》で、現在根本中堂《こんぽんちゅうどう》のある地域ですが、それより北にしばらく入った横川《よかわ》は日本浄土《じょうど》教の祖といわれる源信《げんしん》（九四二―一〇一七）の住した地で彼が横川の僧都《そうず》とも呼ばれるゆえんです。彼の『往生要集《おうじょうようしゅう》』は日本の浄土教の夜明けを告げる画期的な著作で、後世にも大きな影響を与えました。親鸞聖人も源信を浄土念仏《ねんぶつ》の七人の先達者《せんだつしゃ》（七高僧）の一人として尊敬をささげ讃《たた》えています。

この源信ゆかりの常行三昧堂《じょうぎょうざんまいどう》で親鸞聖人は不断《ふだん》念仏を行《ぎょう》じたのです。「常行三昧」というのは『般舟三昧経《はんじゅざんまいきょう》』にもとづく行で、九十日を一期として、阿弥陀《あみだ》仏像のまわりを歩きつづけ、口に念仏をとなえ、心に弥陀如来《にょらい》を念じつづけ、昼夜くまなく続けるので常行三昧あるいは不断念仏ともいいます。最後に行者は諸仏を目のあたりに観《み》るといわれます。

ただし比叡山では陰暦八月十一日から十七日までの七日間なされるのが最も有名でした。親鸞聖人はこのような不断念仏を実践する学僧として二十年間を過ごしたものと思われます。しかし、先に触れたように、当時の比叡山の状況は真摯《しんし》な求道者《ぐどうしゃ》の意を満足させるものではとうていありませんでした。親鸞聖人の満たされぬ思いの悩みは、年を経《へ》るにつれてますます大きなものになっていったと思われます。

夢に聖徳太子が

京都駅から北に上って行く大通りは烏丸《からすま》通りと呼ばれていますが、この通りを上って行くと東西に走る小さな六角通りというのがあらわれます。この六角通りを右に少し入ったところに六角形のお堂があります。これが六角堂《ろっかくどう》、正式には頂法寺《ちょうほうじ》です。六角堂は聖徳太子《しょうとくたいし》の創建として伝えられ、本尊は救世観音《くせかんのん》で聖徳太子はその化身《けしん》であると考えられ、多くの信者を集めていたということです。

親鸞聖人は聖徳太子を「和国《わこく》の教主」として深く尊敬していました。聖徳太子は日本仏教における始祖といわれ、特に日本仏教の在家《ざいけ》性は聖徳太子によって開かれたといわれています。親鸞聖人は聖徳太子の墓所である磯長《しなが》の御廟《ごびょう》、叡福寺《えいふくじ》（大阪府河内郡太子町）に参籠《さんろう》したとも伝えられるように、尊敬なみなみならぬものがありました。比叡山で悩みぬいた親鸞聖人はついに意を決して山を降り、六角堂に参籠して九十五日目に聖徳太子の夢告《むこく》を受けたということです。

その文は「行者宿報設女犯、我成玉女自被犯、一生之間能荘厳、臨終引導生極楽」というものでした。この文の解釈についてはいろいろ可能ですが、基本的には比叡山にあって不犯《ふぼん》の清僧として過ごしながら、修行に満たされず悩みぬいていた親鸞聖人に対して、破《は》戒《かい》という一大事件を聖徳太子の夢告という形をとって無意識的に飛び超えさせようというものであったのではないかと思われます。

聖徳太子の示現《じげん》を受けた親鸞聖人はただちに吉水《よしみず》の法然《ほうねん》のもとに赴《おもむ》いたのでした。

よきひととので遇《あ》い

京都東山の現在の知恩院《ちおんいん》の南東にある安養寺《あんにょうじ》の地が、法然が草庵を開き人々に専修《せんじゅ》念仏を伝えた吉水の故地であるといわれています。

法然房源空《ほうねんぼうげんくう》（一一三三―一二一二）は美作国《みまさかのくに》（岡山県）の生まれ、父漆間時国《うるまときくに》は押領使《おうりょうし》でしたが、夜討ちにあって死去します。法然は父の遺言に従って仇《あだ》を討たず、恩讐《おんしゅう》を超えて人々が救われてゆく道を求めて、出家して比叡山に上りました。

比叡山では「智慧第一の法然房」とうたわれたほどの大秀才でしたが、満足することが出来ず、十八歳で黒谷《くろだに》に隠棲し、その後嵯峨《さが》の釈迦堂《しゃかどう》に参籠したり、奈良を訪れて、南都仏教を学んだといわれます。

法然は一切経《いっさいきょう》を五回読むほど勉学に励みましたが、救いを得る道を見いだすことができませんでした。

四十三歳の時、中国の僧善導《ぜんどう》の『観経疏《かんぎょうしょ》』の一節に触れて「ただ念仏一行のみ」で救われるという専修念仏を創唱しました。その拠点となったのが吉水の草庵です。

法然の教えはたちまち一天四海に燎原《りょうげん》の火のごとくひろまり、上は関白九条兼実《くじょうかねざね》から、下は遊女盗賊など、それまで、仏教の救いからもれていた人々まで、朝野をあげて帰依《きえ》するという有り様でした。

親鸞聖人が専修念仏に帰したのは二十九歳、法然が六十八歳の時でした。親鸞聖人は水を得た魚のように、門下の中でもたちまちに頭角をあらわし、師の主著『選択本願念仏集《せんじゃくほんがんねんぶつしゅう》』の書写を許されるほどになりました。

念仏弾圧事件

専修念仏教団は法然の下、文字どおり朝野をあげて人々の支持を受けましたが、それに対する反撥も当然大きいものがありました。特に南都の諸大寺、比叡山など、旧仏教側からの圧力は日に日に激しいものがありました。また、急激に発展し肥大化した教団の中にも世のひんしゅくを買うような行為もあったようです。

このように日に日に強大化する南都北嶺《なんとほくれい》の圧力に対して、法然は弟子たちにゆきすぎを制し、守るべきおきてを定めた『七箇条制誡《せいかい》』を弟子たちに署名させて、朝廷に提出しました。この『七箇条制戒』に親鸞聖人も綽空《しゃっくう》という名前で署名しています。なお、『七箇条制誡』は京都嵐山の二尊院《にそんいん》に現存しています。

それにもかかわらず、旧仏教側からの攻撃は止むことがありませんでした。特に南都の興福寺《こうふくじ》は当時、高僧として尊敬されていた解脱房貞慶《げだつぼうじょうけい》が作成した『興福寺奏状』を提出して、専修念仏をはげしく糾弾して、その処断を要求して来ました。

彼らの非難の眼目は、専修念仏が国土社会の安寧秩序を乱すということでした。専修念仏が朝廷の許可を受けないで新しい宗派を開いたこと、神を敬《うやま》わないことなどを根拠にしたものでした。

朝廷はこれらの要求に対して、内部に法然の帰依者（九条兼実、九条良経《よしつね》等）が多いこともあって、なるべく穏便に解決しようと努力しましたが、安楽《あんらく》・住蓮《じゅうれん》の事件が起きて、ついに念仏停止《ちょうじ》の令を出さざるを得なくなりました。

安楽・住蓮は法然門下では「六時礼讃《ろくじらいさん》」を美しい節をつけて朗詠《ろうえい》する声明《しょうみょう》の大家でした。いわば今日のアイドル歌手的な存在です。この安楽・住蓮の法会《ほうえ》に宮中の女官が参加し、無断外泊し、あるいは出家し、あるいはいかがわしい状況もあったとも伝えられています。おりしも、後鳥羽《ごとば》上皇は熊野行幸《ぎょうこう》の最中であったため、朝廷の秩序を乱すものとして、ついに念仏停止の断が下されたのです。安楽は賀茂の河原で斬首となり、住蓮は近江国で処刑されました。法然は土佐に流罪《るざい》、親鸞聖人は越後に流罪となりました。全体として法然の門弟四人が死罪となり、法然・親鸞など八人が流罪となりました。承元《じょうげん》六年（一二〇七）に起こったので、承元の法難《ほうなん》といわれています。

流罪人として越後へ

越後へ流罪となった親鸞聖人はときに三十五歳でした。当時の越後の国府《こくふ》(県庁所在地)

は現在の新潟県上越市の直江津《なおえつ》でした。親鸞聖人はおそらく近江・越前・加賀・越中を経て、難所である親不知《おやしらず》は海上で通って、直江津の居多ヶ浜《こたがはま》に上陸したものと思われます。越後に着いた親鸞聖人は最初は竹の内草庵（現在の直江津の五智国分寺の境内）に落着いたといわれます。その後、一、二年して、竹の前草庵《はな》（現西本願寺国府別院）で過ごしたと推定されます。

当時の法令では流罪人には、一日に米一升と塩一勺《しゃく》が与えられるだけで、翌年の春には種モミが給付され、秋の収穫期以降はすべての給付は停止され、後には自分で自活をしなければならないというきびしいものでした。それは都人《みやこびと》で知識人であった親鸞聖人にとってはまことに困難な事態であったと思われます。しかし、親鸞聖人はよくこれに耐え、おそらく自らスキやクワを手にとったこともあったでしょう。

また、越後の冬の気候もまた、親鸞聖人にとってそれまで経験したことのないきびしいものであったと思われます。越後国は世界でもまれな豪雪地帯で、そのきびしい風土の中で必死に生きる農民たちの姿は、貴族出身の都人であった親鸞聖人には、それまでの世界観をくつがえすほどのものであったに違いないと思われます。

そのような中で、親鸞聖人は恵信尼《えしんに》と結婚しました。親鸞聖人は比叡山から降りて、法然の弟子となったとき、それまでの清僧《せいそう》（女性とまじわらない僧）としての身を捨てたものと思われますが、はたして、京都で正式に妻帯をしていたかどうかはわかりません。親鸞聖人の妻としてはっきりしているのは恵信尼だけで、大正年間に西本願寺の書庫から恵信尼の手紙が発見されて明らかになりました。

恵信尼は越後の土豪三善《みよし》家の娘であったと推定されています。彼女が当時としてはきわめて教養の高い女性であったことは、その手紙の文面や筆跡からよくわかるところです。おそらく彼女は都人で教養人であった親鸞聖人に対して大いなるあこがれを持ったに違いありません。親鸞聖人にとっても、土地の有力者の娘との結婚は、自己の生活を維持するうえで精神的にも経済的にも大いなる支えとなったものと思われます。

親鸞聖人と恵信尼の結婚は京都に始まるという説もありますが、はっきりしません。今は二人が越後で結ばれたという通説に従います。また、二人の間に何人の子供があったかということもよくわかりません。親鸞聖人には六人か七人の子供があったと伝えられていますが、そのすべてが恵信尼の子であったかもはっきりしません。いずれにせよ、越後の配流生活の中で何人かの子供が生まれたものと思われます。文字通り非僧非俗《ひそうひぞく》の生活が送られたのです。

浄土真宗の誕生

越後へ流罪になってから四年目に念仏停止《ちょうじ》の令が解かれて、法然も親鸞聖人も流罪が勅免《ちょくめん》されることになりました。しかし、法然は翌年（一二一二、建暦二）京都で没します。それが理由であるかどうかわかりませんが、親鸞聖人は自らの故郷である京都に帰らず、四十二歳（一二一四）の時に恵信尼や子供たちと共に東国《とうごく》へ出発したのです。

親鸞聖人一行は越後国府（現上越市）を出立《しゅったつ》して南下し、信濃国（長野県）に入り、現長野市あたりを通過して、千曲川《ちくまがわ》沿いに進み、信濃の国府（上田市）を通過して、おそらく碓氷《うすい》峠を越えて上州《じょうしゅう》（群馬県）の地に入ったものと推定されます。

信濃の善光寺《ぜんこうじ》はわが国では最も古い寺の一つで、現在に至るまで多くの信仰を集めています。本尊《ほんぞん》は一光三尊仏《いっこうさんぞんぶつ》の阿弥陀如来です。善光寺には、親鸞聖人について、いろいろな伝説が残されています。親鸞聖人が宿坊《しゅくぼう》に百日間逗留《とうりゅう》したとも伝えられています。

また、近くの戸隠山《とがくしやま》にも、親鸞聖人についての伝説が残されています。この点から考えても、親鸞聖人一行が善光寺に参拝したことは事実と見てよいでしょう。

ところで、なぜ親鸞聖人一行が東国へ赴いたかについては種々の理由が考えられます。

一つには、恵信尼の出自《しゅつじ》である三善家の飛地《とびち》が東国にあって、その土地に赴いたという説、常陸国《ひたち》（茨城県）や下野国《しもつけ》（栃木県）に越後と同一の地名が散見されることからも、そのことが推定されます。

また、第二に当時の東国はフロンティア（辺境）であって、京大阪に比べれば未開の地でした。源頼朝《みなもとのよりとも》が鎌倉幕府を開いたとはいえ、西国《さいごく》に比べて、文化的経済的に後進地域であった東国こそ親鸞聖人にとって未来の希望を託すべき場所であったと考えられます。また、師の法然がすでに亡くなったことも、親鸞聖人を京都ではなく東国へ向かわせる大きな理由であったでしょう。

上野国《こうずけ》に入った親鸞聖人はおそらく榛名山《はるなさん》・赤城山《あかぎさん》の南の山麓を東へ進み、渡良瀬川《わたらせがわ》と利根川《とねがわ》の合流点あたりより、川を渡って下総国《しもうさ》（現茨城県）に入って、最終的には常陸国稲田《いなだ》の庄《しょう》に落着くことになります。

この上野国の渡良瀬川と利根川の合流点のあたりの佐貫《さぬき》の庄において有名なエピソードが伝えられています。これは恵信尼の手紙によって明らかになったのですが、親鸞聖人が佐貫に滞在していたとき、当時の天災飢饉に苦しむ民衆の有り様を見るにつけて、何とかしてこの人々を救いたいと思い立ち、浄土三部経を千回読誦《どくじゅ》し始めたけれども、「自信教人信、自ら信じ人に信を教えることが本当の仏恩報謝なのに、名号を称える以外に何が不足なのか」と思い返して、四、五日して読むのを止めて常陸へ向かったというのです。

このエピソードは、東国の大地に生きる人々と対面して、その中から信の深まりを体験した親鸞聖人にとって大きな経験であったと思われます。

東国における親鸞聖人は常陸の稲田（茨城県笠間《かさま》市稲田）を中心として常陸・下総・下野に足跡を残し教化活動を拡げました。弟子や信者たちも増え、親鸞聖人の教団ともいうべきものが成立しました。

そもそも親鸞聖人は京都にあっては法然の弟子であって師たる身分ではありませんでした。越後の流罪生活においては、教化活動などは許さるべきものではありませんでした。晩年の京都の生活においては著述活動が専《もっぱ》らで、京の地の人々に教えを拡めたという形跡はうかがえません。

それゆえ、親鸞聖人が人々に教化を実践し、弟子や信者を育成しその教団が成立したのは東国の地以外にありませんでした。主な弟子としては二十四輩《にじゅうしはい》が伝えられており、その中には親鸞聖人が最も信頼したといわれる横曽根門徒《よこそねもんと》の頭領である性信《しょうしん》、高田《たかだ》門徒の真仏《しんぶつ》、鹿島《かしま》門徒の順信《じゅんしん》等の有力な弟子がいました。その他に、板敷山《いたじきやま》で親鸞聖人を襲おうとして、却《かえ》って親鸞聖人の門弟となった山伏弁円《べんねん》の明法《みょうほう》も有名です。

この二十四輩の他にも門弟や信者が帰依《きえ》し、一説には万単位の信者があったともいわれています。また、親鸞聖人は稲田の草庵から鹿島神宮に通って、当時神宮に蔵されていた一切経《いっさいきょう》（ブッダの教説を集成したもの）を閲覧しながら、主著である『顕浄土真実教行証文類《けんじょうどしんじつきょうぎょうしょうもんるい》』略して『教行信証《きょうぎょうしんしょう》』を書き上げたといわれます。

『教行信証』の成立について今日では種々の諸説がありますが、一二二四年（元仁元）に一応原型が成立したというのが通説となっています。現在の本願寺教団ではこれをもって浄土真宗の立教開宗《りっきょうかいしゅう》と見なしています。

文字どおり、東国の地こそ浄土真宗発祥の地と見ることができます。田夫野人《でんぷやじん》、草深き地に大地を這《は》うように生きる民衆のための宗教がここに成立したのです。

晩年の悲劇——親と子のはざまで

東国の地で二十年余り過ごした親鸞聖人が恵信尼や子供たちと京都へ帰ったのは一二三五年（嘉禎元）頃であったと思われます。

なぜ門弟や信者たちと離れて帰洛《きらく》することになったのか、その理由については種々の理由が考えられます。一つには東国の教団が大きくなり過ぎて、自らが指導者にまつり上げられてしまうことに「親鸞聖人は弟子一人ももたずそうろう」という彼にとっては耐えがたかったという説、また、東国では見られない資料が京都にあって、それを参照して『教行信証』を最終的に完成したかったという説、当時の鎌倉幕府が念仏禁止令を出しそうな状況となり、それを避けるために東国を離れたという説など、諸説がありますが、おそらくそれらの状況が加味されて、親鸞聖人は京へ帰ったのでしょう。ときに親鸞聖人六十二歳の頃でした。

京都に帰った親鸞聖人は、市内の各地を転々としながら、専《もっぱ》ら著作活動や東国の門弟たちへの手紙による教化活動に力を注ぐ日を送りました。『数行信証』は別として『三帖和讃《さんじょうわさん》』『浄土文類聚抄《じょうどもんるいじゅしょう》』『唯信鈔文意《ゆいしんしょうもんい》』『一念多念文意《いちねんたねんもんい》』『尊号真像銘文《そんごうしんぞうめいもん》』『愚禿鈔《ぐとくしょう》』『西方指南鈔《さいほうしなんしょう》』等、彼の著作の大部分は帰洛後、京都で著わされたものです。八十六歳の時まで著作活動を行ない、八十八歳の時には門弟に手紙を送って教化を行なっています。そのエネルギーには驚く他はありません。

そのような親鸞聖人ではありましたが、自らの長男善鸞《ぜんらん》を義絶《ぎぜつ》するという悲痛な事件を体験しなければなりませんでした。

善鸞義絶の真相については明らかでないところも多くありますが、親鸞聖人帰洛後の東国教団で教義上の問題で争いがおき、それを静めるため、親鸞聖人の代理として派遣された善鸞が教団を統率できないまま、却《かえ》って父を裏切り、弥陀《みだ》の第十八願を「しぼめる花」に喩《たと》えて、自らは親鸞聖人から夜、ひそかに真実の教えを伝えられたと吹聴《ふいちょう》したのです。親鸞聖人も始めは善鸞を信じて、善鸞と対決した性信たちを非難したのですが、後に、ことの真相が明らかになって、善鸞を義絶することになりました。この善鸞義絶状が『御《ご》消息集《しょうそくしゅう》』の中に収められています。また、『歎異抄《たんにしょう》』第二条にはこの事件が反映されていると思われます。親鸞聖人八十四歳の時でした。

往生

この悲痛な事件を経て親鸞聖人の信仰はますます深みを得たようです。最晩年の彼は、ただ如来の光の中で感謝に生きるのみでした。彼を最後に世話したのは末娘の覚信尼《かくしんに》でした。妻の恵信尼《えしんに》は他の子供たちと故郷の越後に帰って実家の土地や財産の管理をしていたようです。また、親鸞聖人の往生の地は「押小路《おしのこうじ》南、万里小路《までの》東」にある弟尋有《じんう》が住した善法院《ぜんぽういん》だったといわれています。この地が現在のいずこにあたるかは諸説がありますが、現西本願寺角坊《すみのぼう》別院というのも有力な説の一つです。

一二六二年（弘長二）十一月二十八日「いささか不例（病気）の気まします。それよりこのかた、口に世事をまじえず、ただ仏恩のふかきことをのぶ。声に余言をあらわさず、もっぱら称名たゆることなし。しこうして第八日、午時《うまのとき》頭北面西右脇《ずほくめんさいうきょう》に臥《ふ》したまいてついに念仏の息たえをわりぬ」（『御伝鈔』）といわれます。遺体は翌二十九日東山鳥辺野《とりべの》の南の延仁寺《えんにんじ》で火葬にふされ、遺骨は鳥辺野の北、大谷の地に埋葬されました。

ときに親鸞聖人九十歳でした。

親鸞聖人の訃報《ふほう》はただちに覚信尼より母恵信尼に手紙で知らされました。恵信尼はそれに対して返事を書いて親鸞聖人の生前の姿をいろいろ娘に伝えています。それが『恵信尼《えしんに》消息《しょうそく》』であり、二人の間のこまやかな尊敬と愛情がうかがわれる手紙です。

親鸞聖人の最後は覚信尼の他わずかの人々に見とられる淋《さび》しいものであったかもしれません。しかし、一生涯権力に近づかず、名利《みょうり》を求めず、ひたすら民衆と共に底辺で生きた彼にはむしろふさわしいものといえるでしょう。

遺骨は後に東山吉水《よしみず》の地に移され再埋葬され、仏閣が立てられ、覚信尼が留守職《るすしき》に任ぜられました。これが本願寺の発祥です。

【親鸞聖人著作目録】

一、『教行信証《きょうぎょうしんしょう》』――正式には『顕浄土真実教行証文類《けんじょうどしんじつきょうぎょうしょうもんるい》』という。親鸞聖人の主著。一般的には元仁元年（一二二四）頃関東で述作されたといわれる。これによって浄土真宗が立教開宗されたという重要な書である。

二、『三帖和讃《さんじょうわさん》』――和語（日本語）をもって念仏の教へを讃嘆したもので、『浄土和讃《じょうどわさん》』『高僧和讃《こうそうわさん》』『正像末和讃《しょうぞうまつわさん》』よりなるので『三帖和讃』と呼ばれる。全部で三百五十首あり、現在でも、真宗門徒によって、その一部が日夜読誦《どくじゅ》されている。

三、『唯信鈔文意《ゆいしんしょうもんい》』――法然門下の聖覚の著わした『唯信鈔』に対する註釈で、思想的に重要な内容を含む。

四、『一念多念文意《いちねんたねんもんい》』――同じく法然門下の隆寛《りゅうかん》の書に対する註釈である。

五、『御消息集《ごしょうそくしゅう》』――晩年京都へ帰った親鸞聖人が関東の門弟にあてた手紙を集めたもの。長子善鸞《ぜんらん》義絶の経過がなまなましく描写され、読む者の心を打つ。思想的にも重要。その他『浄土文類聚抄《じょうどもんるいしゅうしょう》』『愚禿鈔《ぐとくしょう》』『尊号真像銘文《そんごうしんぞうめいもん》』『入出二門偈《にゅうしゅつにもんげ》』『弥陀如来名号徳《みだにょらいみょうごうとく》』等がある。また、親鸞聖人の著作ではないが重要なものに、次の二つがある。

六、『歎異抄《たんにしょう》』――親鸞聖人の同朋《とも》である唯円《ゆいえん》が師の没後、間違った解釈がなされていることを歎いて著わした著作で、親鸞聖人の語録を含む。人間親鸞聖人の息吹きを伝えるもので、明治以後、最もよく読まれる仏教書の一つとなった。

七、『恵信尼消息《えしんにしょうそく》』――大正年間に本願寺の書庫から発見されたもの。親鸞聖人没後間もなく当時越後に住んでいた妻恵信尼から、京の末娘覚信尼にあてた八通の手紙。それまで知られなかった親鸞聖人や恵信尼の若き頃の状況がこれによって明らかとなった。信仰に生きた夫妻のこまやかな愛情もうかがわれる。

二　信心とはなにか
――信は智慧なり

苦悩と宗教

人は自分を意識したとき、同時に老い、病み、死ぬことに対する恐怖や心配、苦しみや悩み、貪《むさぼ》り、瞋恚《しんに》（いかり）、愚痴《ぐち》などの問題を持ちはじめます。そして、それらを解決するため、具体的な行ないや深い考えを始めます。なぜなら、人間は行ない、考え知ることがいつも関心事になるからです。

この行ない、考え知ることを宗教的にあらわすと、実践（修行）と教え（信心《しんじん》または信仰）となります。先にあげた老・病・死に代表される苦悩の解決のため、修行や信心をもとにする宗教にも、いろいろな種類や違いがあります。

たとえば、苦悩を生みだす人の欲深さや世の迷いといっても、それに対する自覚の浅深《せんじん》や思索の厳《きび》しさや鋭さの違いです。また、ひとつの民族の中だけで信じられている教えか、それとも民族を越えて世界中で信じられているという さまざまな違いがあります。

しかし、人類の歴史の中で、やがて、時代や社会を超えて人間の問題を解決する筋の通った道理の教え（信心）が示されたり、実践（修行）方法となるものが生まれます。そして人間を越えて苦悩の解決を示すものを神や創造主と呼び、あるいは問題を解決する道理の用《はたら》きに目覚《めざ》めたものを仏《ぶつ》や如来《にょらい》と呼ぶようになりました。

現代の日本では、さまざまな宗教をひとくくりに同じ名で呼んでいます。そのため、ひとつの宗教に対して自覚をもって、しかも自分の生き方を深く考えることが希薄です。苦悩を解決する念仏《ねんぶつ》・座禅《ざぜん》などの実践（修行）や教えをわが身の上で受けとめて（信心の生活をして）いない人が多いのです。だから、神や仏というものを狭い経験や貧しい視点で単なる知識として他人事《ひとごと》のように考えています。

本来、仏教は人間生活を回復する生き生きとした実践（修行）や教えを実感（信心）するものなのに、いかにも人間の問題を解決する神や仏が自分を離れたどこかにモノのようにあるかのような錯覚や誤解で理解しがちです。つまり自分の具体的な生活実感をもった問題として宗教を考えようとせず、自分を棚上《たなあ》げして他人事として受けとめているのです。そのため、生活を離れた心の中の問題としたり、他人事として宗教を考えてしまい、その結果、宗教本来の生き生きした用《はたら》きを狭い心の中にのみ閉じこめてしまっているのです。

宗教の三分類

このように、本来の宗教の生きた用《はたら》きを無視したり気づかずにいる人は、宗教とは自分の不安や苦悩などを解決するための心がけ程度の問題だと思いこんでいます。一般的に、そういうことをあらわす言葉として信心が使われます。

あの人は信心の篤《あつ》い人だ。
○○さんに信心をしている。（○○は観音《かんのん》さまでも、お稲荷《いなり》さんでも、何でも構わない）
などと、信心という言葉は暮らしの中に深く根付いています。信心は仏教と共に日本に伝わった言葉ですが、多くの場合、自分の目的や欲望を達成するために、自分の心を宗教的に清めたり、正しくしたり、誠《まこと》をつくすことと受けとめられているのです。

言い換えれば、信心という心の状態を持つことで、自分の要求や欲望を成就《じょうじゅ》できるのだと思い、信心とは、神や仏に自分の欲望を叶《かな》えさせるための交換条件のように受けとめられているわけです。それらの人々に、宗教は自我の欲望を叶える手段・方法だと思われているのです。こうした状況を考えながら、宗教的な心を三つのタイプに分けて親鸞聖人の「真実の信心」を考えていきます。（ ）内の用語は宗教学者岸本英夫《きしもとひでお》先生の分類です。

イ、お願いのタイプ（請願態《せいがんたい》）

第一は、宗教心と引きかえに自我の欲望を直接的に満足させることを考える、お願いのタイプです。

宗教とは、拝めば自分の都合《つごう》が満たされ、拝まねば自分の都合が満たされないものだと受けとめる心です。それは身勝手な心ですから、往々にして拝まぬと都合が悪くなると受けとめ、悪いことが起こるとか罰《ばち》があたるという呪術的《じゅじゅつてき》な意味で理解されやすくなります。

一般的には、このようなおまじないを熱心にすることが「信仰の篤《あつ》い人」といわれ、あたかも神仏《しんぶつ》に敬虔《けいけん》な心情を示しているように思われています。実際は欲望を満たすためなら神仏すら利用し、しかも無自覚な欲望追求の結果として、自分さえよければいいという、他者を顧《かえり》みず踏みにじる生き方にもなっていきます。こうした自己中心的な姿に対する自覚が生まれにくいのも、このタイプの特徴です。

人間だから都合を追いかけるのは当然だと、我欲の煩悩《ぼんのう》を無批判に許して自己正当化の居直《いなお》る心に逃げるなら、人間に生まれ、無量《むりょう》の縁《えにし》に恵まれ、生かされているいのちに目覚《めざ》めず、自我の殻《から》に閉じこもることとなり、自ら人間であることを放棄《ほうき》しているともいえます。

ロ、心がけのタイプ（希求態《ききゅうたい》）

第二は、イのような直接的な現世利益《げんせりやく》や自己中心的見方を批判しようという人に見られます。つまり、宗教とは、自己中心的な生き方をやめ、心の修養された理想的な人間になるため、心がけて教えを学び、修行するのだと理解するタイプです。

このタイプは常識的で道徳家を自認するような多くの人々に賛同されます。倫理、道徳、修養という場面で語るなら、結構な話です。それゆえ、「宗教とは立派な人間を作るためにあるのではないか」という現代日本人の意識には、こうした受けとめ方に何の疑問もいだかないということになりがちです。

しかし、本来の宗教は「人間がその有限性《ゆうげんせい》に目覚《めざ》めたときに活動を開始する、人間にとってもっとも基本的な営み」（宗教学者阿満利麿《あまとしまろ》先生）というように、自分の不完全さを自覚したところから始まります。

ある寺で御法座の講師を接待していた女性が、「私は長い間、仏法を聴聞して、おかげで近頃腹が立たなくなりました」とお愛想よく語ったそうです。すると講師は「あんたは大嘘つきだね」といいますと、赤面して腹を立てたそうです。この女性には、宗教とは人間修養ができるものだという脅迫に近い観念があったのでしょう。この逸話は、人間というものは縁に触れれば我が身ですら思い（理性）の通りに振る舞うことはできない条件的存在（業縁《ごうえん》の身《み》）であると示しています。このタイプの宗教心は、わが身の事実を無視して立派な人間になれるかのような傲慢《ごうまん》なところに立っていることに気づけず、自らの人間性回復の道を失っているのです。

ハ、自分を知るタイプ（諦住態《たいじゅうたい》）

宗教を自己中心の現世利益《げんせりやく》を祈る手段としているイのタイプを程度の低いものと批判し

て、宗教によって立派な人間をめざそうとする口のタイプも、実は、宗教を精神修養をするために役に立つ手段・道具と見なしている点では、イと程度の差はあっても同質です。欲があって当然と居直ることは自ら人間性の回復を失うことですが、できないことをできるかのように自己陶酔《とうすい》していくこともまた、謙虚《けんきょ》さを失いまわりに迷惑をかけている事実に気づけない傲慢《ごうまん》な生き方です。人はこの二律背反《にりつはいはん》した両極を往復するしかないのでしょうか。この人間の矛盾《むじゅん》を超えていくあり方が、三番目の、自分を知り自身に目覚めていくタイプの宗教です。

たとえば眼はものを見るが、鏡なしに眼に一番近い眼自身を見ることはできません。人はさまざまなものを分け知る（分析《ぶんせき》する）ことはできますが、ただ自分自身だけは知りえないのです。この自覚が自分を知る宗教的な心を起こさせます。人は気づいていようがいまいが、イや口で示したように、存在そのものが自己中心的です。だから、自分を知るといっても、自分の都合のよいようにしか知ることができません。そのような自分の限界に気づかされるには、鏡のように自分を照らしだす都合をこえた用《はたら》きに遇《あ》わねば不可能です。

写真は自分を知るものですが、集合写真を撮《と》ったとき、誰から探すでしょうか？　無論、無意識に自分を探しているわけですが、そこに自己中心性があるということに普段は気づきません。「集合写真を見るという行為」はそういう自己中心の姿をはからずも教えてくれます。

さらに、自分の顔がよく撮れていないと思うことはないでしょうか？　そんなとき知人に聞いてみると、たいてい「よく写っている。あなたそのままだ」と期待していない返事がかえってきて、思わず愕然《がくぜん》とすることはないでしょうか。もしこの知人の言葉を聞かないと、自分にとって「この写真はよく写っていない写真」ということになり、自分の考えている自分が自分の都合に合わせた自分でしかないということに気づくことができません。自分の都合で自分を知ろうとするのは、座布団に座ったまま座布団を取ろうとするようなものではないでしょうか。

浄土真宗の七高僧《しちこうそう》の第五祖、中国の善導大師《ぜんどうだいし》は『観経疏《かんぎょうしょ》』「序分義」に、「経は、教なり、鏡なり」といわれました。仏の説いた経は、私を育てる教えであり、私の真の姿を照らす鏡だというのです。自分を知り、自分に目覚《めざ》めさせるはたらきを持つ鏡とは、阿弥陀如来《あみだにょらい》の道理のはたらきです。何でも持ち上げる力持ちでも、自分で自分を持ち上げることはできません。このように、自分のことをあるがままに知ることは、自分の都合を離れたはたらきとの出遇《であ》いなくしては成立しないのです。そして、そのような気づきをもたらすものを阿弥陀如来のはたらき（他力回向《たりきえこう》）といい、それによって愚かなわが身を知らされ、頷《うなず》く智慧をたまわることを信心と呼びます。

信心の二重構造

真宗の信心も大変誤解されています。たとえば、自分の都合で生きている人間を「都合のみで生きている私だった」と気づかせる方便《ほうべん》として説かれているのが阿弥陀如来という用《はたら》きです。その阿弥陀如来の本願のはたらきかけを我が身のことだったとうなずくことを信心といい、疑いの晴らされた心であると親鸞聖人は示しています。

言い換えれば、人間を本来の人間にする道理・真実からの呼びかけが、ほかならぬ私自身に向けられていたと翻《ひるがえ》される心が信心ということです。決して他人事《ひとごと》ではなく、ひとえに自己中心の我が身が知らされることであり、それに気づかせる阿弥陀というはたらきが知らされることです。

では、この信心とは何でしょうか。善導大師の注釈書である『観経疏《かんぎょうしょ》』「散善義《さんぜんぎ》」に説かれる信心のいわれを通して学んでいきましょう。『観経』には浄土往生に必要な三種の心、三心（至誠心《しじょうしん》・**深心**《じんしん》・回向発願心《えこうほつがんしん》）が説かれ、信心とはその中の深い心と示されています。

つまり、心を深くするところに、今まで知らなかった広く、明るい如来真実の世界に目覚《めざ》めて生きていけるというのです。この深心を、善導大師は六字の名号《みょうごう》（南無阿弥陀仏《ナモアミダブツ》のこと）のいわれに見いだし、南無と阿弥陀仏の二つに分けて、二種深信《じんしん》と解釈しています。

イ、機《き》の深信《じんしん》＝南無

まず第一は機の深信と呼ばれ、自己中心の生き方が諸行無常《しょぎょうむじょう》（アテにならぬ）・諸法無我《しょほうむが》（ママにならぬ）の道理に照らされて見つめると、自分だけいい目にあいたい（アテにしたい・ママにしたい）という罪悪《ざいあく》の姿が明らかとなり、生《しょう》（老病《ろうびょう》）死《し》の迷いのあり方が身口意《しんくい》の三業《さんごう》にしみついており、私という自覚が生まれる遙《はる》か昔から迷いの生存に沈み、流転《るてん》をくりかえし、死に至るまで、このあり方を離れることのできない凡夫《ぼんぶ》の自分であると決定的に深く思い知らされるのです。これが、南無と深く我が身に気づかされる信心です。

南無とは、意味のうえから漢訳すると、帰命《きみょう》するといいます。これは親鸞聖人の『顕浄土真実教行証文類《けんじょうどしんじつきょうぎょうしょうもんるい》』「行巻」末尾にある「正信偈《しょうしんげ》」の冒頭の句「帰命無量寿如来」にあたります。仏・如来の教え、本願の呼びかけに帰依《きえ》することです。如来の呼びかけは、不真実の存在である私たちを不真実であることに気づかせ、それによって真実への人生を歩ませます。だから、如来の呼びかけに帰依するということは、そのまま自分のあり方が真実の道理に背《そむ》いた間違いの自分に気づかされることです。

梵語《ぼんご》ではナマスといい、日常的な言葉でいえば頭が下がるということです。福井の念仏医者故米沢英雄《よねざわひでお》氏は「頭を下げる」ことと「頭が下がる」ことは大いに違うといっています。機の深信の機とは機根《きこん》のことで、善導大師が解釈されたように、道理に背き、迷いづめの愚かな自身の姿に深く気づかされることです。しかも、単に悪いことをしたという浅い上辺《うわべ》だけの反省ではなく、罪悪なる存在であるという宗教的な今、ここの気づきのことをいいます。このあり方が、遙《はる》か昔から自分は自分のものだという迷いの境涯に常に沈ませ、流転輪廻《るてんりんね》をくりかえさせ、今、こうして迷っている私という姿をとったのだと深く自覚することにつながるのです。

ロ、法《ほう》の深信《じんしん》＝阿弥陀仏

すると、それに即して第二の法の深信が開かれます。第一の深信ということに先に目覚めていた阿弥陀仏が代表となって、その四十八の願いに誓われているとおり、南無と頭が下がるところに、誰もが疑いなく、思いもよらず、阿弥陀仏といういのちの輝き、響き合う連帯の世界にかえらされます。

親鸞聖人は、「正信偈《しょうしんげ》」で阿弥陀仏を、「(帰命) 無量寿如来・(南無) 不可思議光 (如来)」と示されました。これを現代的に表現すれば、いのちの輝き、響き合う無限の連帯ということです。つまり、ゴータマ・ブッダの縁起の教えから知らされるように、すべてのいのちは支え支えられ合って生かされているわけですが、道理に暗く、しかも自己中心にのみ物事を考える無明《むみょう》(迷い) の人間は、自分さえいい目にあえば他はどうでもいいと、肩に力を入れ、自我《じが》の殻《から》に閉じこもり、自我だけの幸せを求めます。しかし、これは根本のところで縁起しているいのちの連帯に背《そむ》いているので、かえって自ら不平、不満、愚痴《ぐち》をこぼし、空《むな》しく過ぎるいのちにすることになるのです。

南無阿弥陀仏とは

親鸞聖人は『歎異抄《たんにしょう》』第二条で、人間であることを回復する道理・法則が呼びかけられている目覚《めざ》めの言葉が、歴史を越えて阿弥陀仏からブッダ、善導大師《ぜんどうだいし》、法然上人《ほうねんしょうにん》、そして親鸞聖人に連綿として伝えられてきたと述べています。阿弥陀仏は、南無阿弥陀仏の六字《ろくじ》で呼びかけ、ブッダは四諦八聖道《したいはっしょうどう》を示し、善導大師は二種の深信《じんしん》というかたちで信心の二重性を解釈し、法然上人は「愚者《ぐしゃ》になりて往生す」と語り、親鸞聖人は自らを「いづれの行もおよびがたき身なれば、とても地獄は一定《いちじょう》すみかぞかし」と語っており、どの立場も、道理に背いている自分を間違った私であったと南無するところに、思いもよらないかたちで自己中心の力《りき》みの抜けた豊かな信心の生き方が開かれています。

そこには力みも押しつけもなく、このように人間性回復の二種深信の信心（念仏の道理）を語ったあとで、親鸞聖人は「私はこの道を歩みます。これをとるか、とらぬかはあなた方の自由であり、すなわち選びの責任に任せるしかない」といわれています。これは人生の道は最終的にはひとりひとりが自分で選びとるしかないということです。

人に頼ることが当たり前の生活や社会にどっぷりつかっている人々には、頼り甲斐《がい》のない冷たい言葉のように感じられますが、そこには独断による強制がなく、しかも選ぶ人の真の自主性と主体性を確立させ、静かで深い信頼関係さえ成立させていく生き方の基本があるといえるでしょう。

さらに、この二つの信心は別のことではありません。つまり、南無したら阿弥陀仏になるという交換条件ではないのです。南無したことがそのまま阿弥陀仏という世界をたまわることになるのです。なぜなら、人間は自分の都合で生きているので、上辺《うわべ》の自己省察・

反省ならできますが、それを深く見つめていくと、その自分の姿（機）に気づかせたものは、少なくとも都合で生きる自分ではなく、自我を越えた如来という用《はたら》き（法）によって気づかされたという深い自覚をすでに生んでいるからです。

法然上人作とも伝えられる「松陰《まつかげ》の　黒きは月の　光かな」という歌は、松の陰が夜の闇の中に黒く見えたのは、そこに月光が届いていたからだといっています。このように、私の中にある迷いの暗さがたしかに私の暗さであったと見えたのは、如来の智慧の光にであっていることの間違いのない証拠です。これは、機という我が身を通して自覚した私と、それを目覚《めざ》めさせた法である真実のはたらき（如来）は別のところにあるものではないことの証《あかし》として、**機法一体《きほういったい》の南無阿弥陀仏**といわれてきました。

これが真宗の信心の風景です。親鸞聖人の信心は二種深信《じんしん》という二重構造を持っています。浅ましい身、いつも自分中心にしか物事を考えられない私だったと「頭が下がる」ことが自身に遇《あ》うということで、南無、機の深信と呼ばれます。

ここには、今まで気づかなかったいのちの無限の連帯の中に今日も自分が生かされている、今日もまたいのちをいただいたという当たり前の事実に生涯にわたって目覚めさせられていくという示しがありますが、これを阿弥陀仏、法の深信と呼びます。

南無＝自己省察＝機の深信＝頭が下がる＝道理に照らされて、自分の心の機（メカニズム）がこうなっていたと気づかされる。

阿弥陀仏＝本来の自己を成就＝法の深信＝いのちの連帯の世界にかえる＝南無するところに自ずと、それ以上、悩みや苦しみに振り回されないで立ち上がれる。本来の道理にかなったあり方、人間性回復の世界に還《かえ》らされる。

この世のすくい

道理の呼びかけ（本願の念仏）により、我が身（機）を南無と深く気づき頭の下がるとき、自我の殻《から》が打ち破られ、潤《うるお》いのある、光といのちの響き合う、肩の力（自力）の抜けた極めて楽な境涯（極楽）に向かって開かれたいのちの歩み（往生）が始まります。しかも、自分が自分を引きうけて立ち上がる力をいただいています。この人間回復の方向性を示す道理の用《はたら》きを南無阿弥陀仏とあらわし、そのような真実の信心の生き方の定まることを仏教語では「正定聚不退転《しょうじょうじゅふたいてん》」の人生といいます。

正定聚とは、正しく浄土に往生し仏《ぶつ》に成ることに決定している聚（なかま）という意味です。必ず仏に成ることが定まったことを不退転といいますが、政治家などが原意を離れて使っているので比較的よく耳にする言葉です。

親鸞聖人は、不退転の位《くらい》に入るのは、この娑婆《しゃば》、この世において信心をいただいた人に与えられる現世の利益《りやく》のひとつだと示しており（『文類聚抄《もんるいじゅしょう》』・『信巻』本など）、これを現生《げんしょう》正定聚と呼んでいます。つまり、現世において阿弥陀仏の本願の信心をいただくことが原因となり、その結果として私たちが仏となるというのです。よく、死ねば仏となるといわれますが、死が原因となって、その結果さとりが開くなどと仏教では決して説きません。死ではなく、本願の信心が原因となって、この私が仏に成らせてもらうわけですから、他人事《ひとごと》ではなく、極めて主体的で自覚的な問題です。

本願の信心の行者は、真《しん》の仏弟子とも呼ばれ、分陀利華《ふんだりけ》（煩悩《ぼんのう》の泥池に咲いた白い蓮《はす》）ともほめられます。また、金剛《こんごう》の信心を得たものは次生《じしょう》において必ず仏に成ることに決定しているので、一生補処《いっしょうふしょ》の弥勒菩薩《みろくぼさつ》と同じ位にあることになります。つまり、次生に娑婆に出現して仏に成るという弥勒菩薩と同じ等正覚《とうしょうがく》の位であるともいわれ、さらに、便同弥勒《べんどうみろく》とも、次如弥勒《しにょみろく》ともいわれます。阿弥陀仏の本願の信心による苦悩からの解放・救済を得た人々を「如来とひとし」とも呼びますが、同じことです。（『御消息集』第十一通）。

三　悪人正機説《あくにんしょうき》とはなにか
――なぜ悪なる者こそそのすくいか

私をゆり動かすもの

教えは、言葉によって示されます。南無阿弥陀仏《ナモアミダブツ》は、阿弥陀《アミダ》仏の智慧と慈悲を示した言葉であるといってもよいと思います。

ある先生が「宗教とは、生涯を尽くしてもなお、悔《く》ゆることのない、たったひとつの言葉とのであいである」（金子大栄《かねこだいえい》師）といわれました。そのひとつの言葉、それは、教えです。言葉が言葉にとどまっているかぎり、教えとのであいはない、といってもよいでしょう。それは、ひとつの観念になってしまうと思います。

教えの観念化とは、私自身の生き方を通さない教えの理解といってもよいでしょう。国語学者の大野晋さんが「言葉とはことのはである。葉《は》であるかぎり、幹《みき》が大切なものとなる」ということをテレビのインタビューで話していました。別の言い方をすると、言葉というものの根底には、それぞれのいのちがあり、こころがあるということだと思います。言葉はいのち（世界）のあらわれであり、いのちは、言葉を通して始めて表現されるものであるといってもよいでしょう。私たちは、日常の生活の中で、もっと言葉を大切にしたいものです。言葉の乱れは、そのままこころの乱れであり、人間の乱れにほかならないと私は考えます。

さて、言葉が言葉だけにとどまると、その世界が見失われるといいました。たとえば、親鸞聖人の宗教的世界を指して、しばしば「御同行《おんどうぎょう》、御同朋《おんどうぼう》」といわれます。この言葉は、親鸞聖人の宗教的姿勢を最も端的に示すものとして、知らない人はいないくらい、広く知られた言葉です。その意味は、アミダ仏の教えを聞き、信じ、念仏申す者は、すべて平等のいのちを賜《たまわ》る者である、というものです。浄土真宗の教団を指して、同朋教団としばしばいわれます。

しかし、現実は、さまざまな差別的な事象がみられ差別問題が生起したりもしています。私の言いたいことは、同朋という言葉を用いていればよいという安易さを問題にしたいということです。言葉だけがから回りすると、現実がみえなくなるということです。人権という言葉が流行し、人権という言葉があればそれだけで安心してしまうという、私たちの誤りに気づいていきたいと思います。

第三条は実に多くの人々に知られている「悪人の救い」（悪人正機《あくにんしょうき》――悪人こそアミダ仏の救いの第一の対象）を説いたものです。親鸞聖人といえば『歎異抄《たんにしょう》』、『歎異抄』といえば「悪人正機」といわれるほど、著名なものが第三条です（親鸞聖人の著述に「悪人正機」という語はありません）。

しかし、『歎異抄』全十八条を通じて、この条ほど危険な教え、とり誤ると大変なことになる教えが説かれている箇所も、まれであるといってよいかもしれません。宗教とは、もとより、平凡な日常に酔いしれ、世俗に埋没《まいぼつ》している者にとっては、危険なものなのです。なぜなら、現実と自己自身を根底からゆり動かすダイナミズムを宗教は内に秘めているからです。私たちのまわりの道徳や、常識などを正しいものとして生きている私たちに、本当にそれで大丈夫なのか、生きていけるのか、といったゆさぶりをかけるのが宗教であるといってもよいと思います。

私は善人、あなたは悪人か

三条の冒頭には、人を驚かしてやまない言葉が記されています。

善人なおもって往生をとぐ、いわんや悪人をや（善人〈できのいい人〉といわれる人が、アミダ仏の教えによって生き生きと生きることができるのだから、まして、できの悪い私などがアミダ仏の真実にあって救われ〈解放〉ていくのはいわば当然といってもよいでしょう）

この言葉によって、無数の人々が救いと安らぎを得てきました。しかし、同時に多くの人々が、親鸞聖人の教えをとり誤ってきたのも事実です。善人が救われるのだから、悪人が救われるのは当然だというのです。この論理を受け入れるには、なかなか時間がかかりそうです。

熱心な仏教者であり、在家佛教協会を創設して、多年にわたり多くの人々に慕われた協和発酵工業の創立者、加藤弁三郎氏は、学生時代、京都の古書店で『歎異抄』を初めて手にし、なんだこの本は、と思ったそうです。それが「善人なおもって往生をとぐ……」というものだったようです。おかしな本だな、誤植《ごしょく》かなとも思ったそうですが、求めて学生服のポケットに入れて持ち帰ったといわれます。それが工学者として業績を残し、会社の創立と経営に専念する氏の、いのちの依りどころとなったそうです。このような経験をお持ちの方は多いと思います。

私たちは、常に一般的な常識、思わくでしかものを考えることができません。そして、やっかいなことに、それを信じて疑わないのです。「善人が救われるのだから、悪人はなおさらのことである」などということは、まったく認められないのです。

ここには、世間の人々は、悪人が救われるのだから、善人が救われるのは当然だと思っています。それは、一応もっともな理くつですが、しかし、それは、まだアミダ仏の深い深い慈悲のこころに気づいていないからです、と示されています。

親鸞聖人は、生涯かけてなにが善であり悪なのか。なにが賢《けん》であり、愚《ぐ》なのかと問いつづけた人でした。自分のものさしで、善悪、賢愚をきめるのはよそうとこころに誓った人でした。なぜなら、自分の知識、経験、好みなどで他をおしはかることの誤りを、いやというほどみてきたからです。

私の好きな親鸞聖人の言葉に「善悪のふたつ、惣《そう》じてもって存知せざるなり」（私はもう、なにが徹底した善であり､悪であるかということがわからなくなった――『歎異抄』後序）というものがあります。その理由は、私が仏《ぶつ》（覚者）のような正しい智慧を持つ者であれば、正しい善悪判断をすることができるが、それを持たない私は、誤りなき善悪の判断などおぼつかない身なのです、ということでした。

私たちはもっともらしい顔をして、常に他人の悪を裁いています。しかも、その判断に間違いはないと信じこんでいます。もっというなら、自分は善、他は悪という思いで生きている存在だといってもよいでしょう。ある先生が「他人の悪に対しては裁判官になり、自己の悪に対してはすぐ弁護士になる」（高松信英《たかまつしんえい》師）といわれましたが、名言だと思います。初めて「善人なおもって往生をとぐ、いわんや悪人をや」という言葉を聞いたら、どんな思いを持つでしょうか。「そんなバカな」と思う人がほとんどだと思います。それが、人間の本質だといってもよいでしょう。いや、既成の常識にとらわれた人間に共通の感覚だと思います。

悪の底にひそむもの

以前、東京のある市で開設された市民講座でのことです。二十代、三十代の女性ばかりの講座でした。『歎異抄』を三ヵ月十二回で読んでほしいという依頼でした。第三条の「善人なをもって往生をとぐ、いわんや悪人をや」という話の途中に質問がありました。

それでは、人間はどんなに悪いことをしてもかまわないというのですか。それでは倫理も道徳もないじゃないですか。

語気強いその発言に、会場は一瞬シーンとなりました。それは、質問というよりも詰問に近いものでした。私の話が不充分であったためにこのような問いがうまれたのでしょうが、私はそのことを棚にあげて、

それでは、お聞きしますが、あなたは、生まれてから今日まで、ただの一度も〈悪〉というものを作ってこなかったですか。

といってしまったのです。若いということは、傲慢《ごうまん》なことです。恥ずかしいことです。私はそういってしまったあと、大変な自己嫌悪におちいりました。今でも、時折思いだす、恥ずかしい経験です。これでは、親鸞聖人を学んでいるなどとは到底いえません。

悪については、一般に法律的な悪、道徳的な悪、宗教的な悪の三つに分けて考えられることがあります。法律的な悪、道徳的な悪とちがって、宗教的なまなざしでみるとき、すべての者は「悪」なる存在であるということもいわれます。

しかし、親鸞聖人は「悪」は、法律、道徳、宗教といった三つの悪ではなく、法律、道徳、宗教といった「悪」の根底にあるものを鋭くみつめていたのです。つまり、人間の根底にある「自我」（自己中心性）そのものが「悪」をひき起こすものであるとし、それを「罪業《ざいごう》」と呼びました。

多くの「悪」は自己都合のためにひき起こされます。他を裁くのも自己都合です。自己の「悪」に対して弁護するのもみな自己都合です。親鸞聖人は、殺人、ぬすみ、嘘といった個別的な「悪」に対して特別に誡《いまし》めていません。それは、これらの「悪」の根底にあって、「悪」をつくりだす原動力である人間の「罪業」そのものに目覚《めざ》めることが、最も大切であると考えていたからだと私は理解しています。

親鸞聖人が「罪業深重《じんじゅう》」とか「罪悪深重《ざいあく》」「煩悩具足《ぼんのうぐそく》」としばしば記すのは、自己の内なる自我のこころ、迷妄《めいもう》なこころに目覚めよう、といっているようです。このような、自己への深き目覚めは、人間同士のいのちの連帯を可能にし、共に生きていける世界を切り開くものであったといってもよいでしょう。「邪見《じゃけん》にして驕慢《きょうまん》なる者（自分が一番偉いと思い、他を認めない者）は、アミダ仏の真実の智慧を受容することができない」と親鸞聖人は、念仏を讃《たた》える詩（『教行信証』『正信念仏偈』）の中に記しました。

悪を傷《いた》むこころの尊さ

かつて、オウム真理教の教祖、麻原彰晃被告を指して、世界で有数の宗教者であり、「浄土にいちばん近い人間である」と評論家の吉本隆明《よしもとたかあき》氏はいいました。その理由は、親鸞聖人の「善人なをもって往生をとぐ、いわんや悪人をや」という論理にもとづくものでした。このことをめぐって私と議論になりましたが、残念ながら冷静な討論にはなりませんでした。このことについて、仏教学者である東海大学の定方晟《さだかたあきら》先生は「なぜ麻原が地獄にいちばん近いと言ってはいけないのか」という反論(『大法輪』一九九七年一月号)をされました。私は興味深く読みました。

たしかに、「善人なをもって往生をとぐ、いわんや悪人をや」といった文脈からすれば、多くの罪なき人々を死に至らしめた「麻原は浄土にいちばん近い人」ということもいえると思います。それは、原理的に正しいと思います。しかし、そこには、いささか無理があります。なぜなら、「いわんや悪人をや」という言葉だけを切り取って麻原被告にあてはめれば、そういうことになると思います。しかし、そのあとに続く第三条の文言をみるとき、問題が生じてきます。

> 自力作《さ》善のひとは、ひとえに他力をたのむこころかけたるあいだ、弥陀の本願にあらず。しかれども自力のこころをひるがえして、他力をたのみたてまつれば、真実報土の往生をとぐなり(中略)。他力をたのみたてまつる悪人、もっとも往生の正因なり。(傍点筆者)

〈自分の力量でよい行ない（善根）を積みあげて、大いなる自覚者（仏）になることができると考えている善人には、アミダ仏の救済力（本願力）をよりどころとする、という気持が全くありません。したがって、こころ貧しき者をこそといったアミダ仏の本願他力の精神には全くそぐわないのです。

しかし、このような善き人、自力の人も、自己の力量のみをたのんで大いなる自覚者となるといったこころを翻して、自己をたのまない広大なアミダ仏の世界に生きることを心がければ、かならずいのちの闇が破られ、真実の世界にうまれることができるのです。（中略）

そのアミダ仏の力（本願力）をよりどころとする、悪なる者こそが、まさにアミダ仏のこころにかなった、救いの資格をそなえた者と言わなくてはなりません〉

ここには、「他力（アミダ仏の真実）をたのみたてまつる悪人」とあります。すると、すべての悪なる者が無条件に、ということとは少し趣《おもむき》がちがってきます。

①善人なをもって往生をとぐ、いわんや悪人をや（悪なるすべての者の救い）

②他力をたのみたてまつる悪人（アミダ仏の真実により、自己の悪に深く目覚《めざ》めた者の救い）

ということになります。この点はどう考えたらいいのでしょうか。私はここに、アミダ仏の救いの①普遍的性格（あらゆる者の救い）、②特殊な性格（本願他力をたのむ者の救い）という矛盾があると思います。しかし、このような性格は宗教そのものの持つ基本的なものといえないでしょうか。「善人なをもって往生をとぐ、いわんや悪人をや」という言葉から出発して言葉に帰るだけの人は、「本願他力をたのむ人が救われる」というのは、信仰の矮《わい》小化（小さくゆがめること）だといいます。これが私が、麻原が「浄土にいちばん近い人間だというのは誤りである」と言い切った時によせられた批判でした。親鸞聖人は、「善人なをもって往生をとぐ、いわんや悪人をや」と示しつつ、悪人を「本願他力をたのむ者」（自己の悪に目覚めアミダ仏と共に生きる者）と示しています。

また、悪逆の王子、アジャセ王が自分の重ねた罪（父殺し）におののき、深い懺悔《さんげ》の中で救われたことを主著『教行信証』の中で『涅槃経』を引いて、長々と述べていることもご承知の通りです。単に「悪なる者がアミダ仏の救いの第一の対象である」という言葉だけをふり回すことは危険なことです。それは観念的な信仰をうみだすことになるでしょう。

観念的な信仰とは、先に一言した通り、私自身の生き方を通さない、言葉から出発して言葉に帰る信仰の形態といってもよいでしょう。つまり、「我が身」を通さないということとです。身体性のない、生活性のない信仰ほど空虚なものはありません。親鸞聖人が、「愚身の信心《しんじん》におきては」（第二条）といい、著述の中に「身《み》」という語を多く用いているのは、このことを示しているといえましょう。「いわんや悪人をや」といっているのだから、「麻原は浄土にいちばん近い」というのは、『歎異抄』読みの『歎異抄』知らずといったら失礼でしょうか。この問題について親鸞聖人は「薬あればとて毒を好むべからず」（悪なる者を救う教えがあるからといって、わざと悪をおかすようなことをしてはならない）と手紙に書いています。真宗者をいさめるような言葉です。

さて、それではなぜ悪なる者の救いなのか、ということです。『歎異抄』の善人とは「自力作善《さ》の人」（地位、教養高き人、財ある人、力ある人）でした。悪人とは「他力（アミダ如来）をたのみたてまつる人」（愚かさと、自己の悪に目覚《めざ》めた人々）でした。また当時の社会背景からすると、社会的地位が低いとされていた人々が「悪人」とみなされていたことも事実です。特に殺生《せっしょう》をこととする人、ものを売り買いする人々などは「悪人」の代名詞のようになっていた時代でした。そのような人々は仏《ぶつ》の救いなど無縁であったのです（このことについては異説があります）。

親鸞聖人は、単純に善人と悪人とたて分けして「私は善人」「あなたは悪人」という人間観に満足できませんでした。善の中に埋没して、自己の悪を忘れている人間よりも、日常の中で生きるために避けられないさまざまな「罪業」（悪業）を造っている人間の方が、直接悪と向き合って生きているだけ、より善に近いこころを持っているといえるのではないでしょうか。つまり、悪への深き目覚めと傷《いた》みを共にしながら生きている人間の方が、どれほど真実（善）に近いか、ということです。

そんなとき、「善人なをもって往生をとぐ、いわんや悪人をや」と深く思い到ったのです。善なる人、賢い人はあとまわし、「悪」に生きる人こそ、まずその苦しみから解放されなければならない人であると、親鸞聖人は領解《りょうげ》しました。「仏の大悲心（大いなる愛）は、ひとえに苦者（苦悩多き者）においてはたらく」（『涅槃経《ねはんぎょう》』）という、アミダ仏の根本精神に誰よりも深く目覚めていたのが親鸞聖人でした。最後に『歎異抄』第三条の全文を記しておきます。

【第三条】

善人《ぜんにん》なおもつて往生《おうじょう》をとぐ、いわんや悪人《あくにん》をや。しかるを世《よ》のひとつねにいわく、「悪人《あくにん》なお往生《おうじょう》す、いかにいわんや善人《ぜんにん》をや」。この条《じょう》、一旦《いったん》そのいわれあるに似《に》たれども、本願他力《ほんがんたりき》の意趣《いしゅ》にそむけり。そのゆえは、自力作善《じりきさぜん》のひとは、ひとえに他力《たりき》をたのむこころかけたるあいだ、弥陀《みだ》の本願《ほんがん》にあらず。しかれども、自力《じりき》のこころをひるがえして、他力《たりき》をたのみたてまつれば、真実報土《しんじつほうど》の往生《おうじょう》をとぐるなり。煩悩具足《ぼんのうぐそく》のわれらは、いづれの行《ぎょう》にても生死《しょうじ》をはなるることあるべからざるを、あわれみたまいて願《がん》をおこしたもう本意《ほんい》、悪人成仏《あくにんじょうぶつ》のためなれば、他力《たりき》をたのみたてまつる悪人《あくにん》、もつとも往生《おうじょう》の正因《しょういん》なり。よつて善人《ぜんにん》だにこそ往生《おうじょう》すれ、まして悪人《あくにん》はと、仰《おお》せ候《そうら》いき。

〔第三条　救われがたい者こそまず――現代語訳〕

〈善人〈できのよい人〉といわれる人が、アミダ仏の教えによっていきいきと生きていく〈救い〉ことができるのだから、まして、できの悪い私などがアミダ仏の真実にあって救われ〈解放〉ていくのは言わば当然といってもよいでしょう。ところが、世俗〈世間〉を生きる人々は「できの悪い者、煩悩深き者がアミダ仏の教えによって救われていくのだから、善い人間が救われるのは当然のことである」と思っています。

なるほど、この考えは一応、道理に合っているようですが、実はアミダ仏の全ての者を救い、いのちあらしめたいという願い、特に、こころ貧しき者を救いたいという本願の精神からすれば、全くおかしなことと言わなければなりません。なぜならば、自分の力量でよい行い〈善根〉を積みあげて、大いなる自覚者〈仏〉になることができると考えている善人には、アミダ仏の救済力〈本願力〉をよりどころとする、という気持が全くありません。したがって、こころ貧しき者をこそといったアミダ仏の本願他力の精神には全くそぐわないのです。

しかし、このような善き人、自力の人も、自己の力量のみをたのんで大いなる自覚者となるといったこころを翻《ひるがえ》して、自己をたのまない広大なアミダ仏の世界に生きることを心がければ、かならずいのちの闇が破られ、明るい世界、真実の世界にうまれることができるのです。欲望のおもむくままに生き、自ら迷いを断ち切ることのできない、こころ貧しき私たち人間のすがたを悲しまれて、アミダ仏は、人間救済〈解放〉の願いを建てられたのです。その本当の目的が悪なる者、罪なる者の救済にあるのですから、そのアミダ仏のお力〈本願力〉をよりどころとする、悪なる者こそが、まさにアミダ仏の本願のこころにかなった、往生者〈救い〉の資格をそなえた者と言わなくてはなりません。

したがって、善き人間でさえも救われるのだから、まして自我むきだしの、こころ貧しき者はなおさらのことだと言わなければなりません、と仰せられました〈この言葉は、法然上人の言葉という説もあります〉。

（この項は山崎龍明著『歎異抄を生きる』大法輪閣刊参照）

四　往生《おうじょう》とはなにか

――よりよき生と死の実現をめざして

三つの教え

「往生」という言葉を知っている人が、若い世代にどれだけいるでしょうか。私の身近にいる大学生でも「オウジョウ」と読む者はまれです。まして「往生」をわかりやすく説明するのはとてもむずかしいことです。

しかし、親鸞聖人の信仰思想の中でも重要な位置をしめているのが、この「往生」思想です。私は、親鸞聖人の信仰・思想の核心を次の三つにおいています。

一、本願他力《ほんがんたりき》の教え（自己絶対化を超える道）
二、悪人救済《きゅうさい》の教え（善人、悪人とはなにか）
三、往生成仏《じょうぶつ》の教え（新たなるいのちの獲得）

これらは、どれをとっても、とてもむずかしく、簡単に説明することができません。しかし、できるかぎりやさしく、「往生」の世界について書いてみたいと思います。

仏教というものは、とてもむずかしいのです。むずかしいことに居直るわけではありませんが、だいたい、生きることのむずかしさを学ぶのが仏教ですから、それほど簡単なはずはありません。

生きること、死ぬことだけではなく、私たちのまわりには、むずかしいことがいっぱいあります。私たちは、それらを放り出して、目先のことばかり追いかけて暮らしています。そのことに、喜んだり、悲しんだりしながら、月日だけが、あっという間に過ぎ去っていきます。むずかしいことをただ避けて通るのではなく、一度それにぶつかってみることも大切です。スポーツでも同じことです。私は柔道をやってきましたが、自分より弱い相手とばかり稽古をしていては、決して強くはなれません。投げられて、投げられ方を知り、投げ方を学ぶのです。

私は「生きる」ことも同じであると思います。むずかしいこと、困難なことにぶつかって、はじめて、何かが身につくものではないでしょうか。

親鸞聖人の「往生」思想とは、いかにこの人生を生きぬき、自らの死を、死ぬことができるかという道を学ぶことです。

往生《おうじょう》という言葉について

「往生」という語はもともと「この土を捨てて、仏《ぶつ》（さとり）の土にうまれること」というのが最も正しい意味です。

つまり、この土、私たちが住み、さまざまな営みを展開している、現実社会を「穢土《えど》」といいます。さまざまな争い、差別、いのちの奪い合いが展開されているところ、というほどの意味です。このようなところを捨て去り、仏の清らかな土、境界に生まれようというのが、仏教の中の浄土思想です。

浄土とか、往生というとそれだけで前近代的な妄想のように思う人が多くいます。しかし、なぜ、浄土（清浄にして汚《よご》れなき仏の土）が説かれ、そこへの往生がすすめられたのか、ということも、考えてみなければならないと思います。

藤原時代、さかんに、「厭離穢土《おんりえど》（この汚れた世界を厭《いと》いはなれ）欣求《ごんぐ》浄土（仏の清浄の土を願い求める）」ということが説かれました。

つまり、ここには、かの土（あの世）こそ、清らかなところという図式があります。このような、この世を捨てて、あの世に往《ゆ》こうという、あの世こそ本当の世界という考えが多くの人々のこころをとらえました。

この世は無常なるところ、苦しみ多きところ、争い多きところ、早くこの世を捨てて、あの世、極楽浄土へ行こう、という教えが当時の、藤原時代の浄土教でした。しかも、この世は末法《まっぽう》の時代に入った、世の中が滅びるという考えが、当時の人々の間で信じられていました。

いわば、「浄土」が人生の逃げ場になっていたような感があるということです。私たち人間は常に「楽」な場所を求めています。苦しむことがきらいだからです。楽な方へ楽な方へと流れていくのが私たち人間かもしれません。

しかし浄土は人生の逃避場ではありません。浄土へ往生するということは、決して現実逃避ではないと力強く主張したのが、親鸞聖人でした。

この世で念仏を称《とな》えつづけて臨終にさまざまな仏、菩薩のお迎えをいただいて極楽浄土に生まれることを願っていた当時の浄土教者たち。いわば、この世の生き方を単純に否定し、来世だけを単純に肯定するような、浄土教理解に対して、親鸞聖人は、深い疑問を抱いていました。

このことについて私はかつて次のように書いたことがあります。

親鸞の信仰がただ、死後、アミダ仏の浄土へ往生することにあり、現実の生を生きぬくためには何の力ももち得ないと誤解され、親鸞の思想が極端にゆがめられた歴史は、ここであらためていうまでもないでしょう。事実、親鸞の没後、その教えに生きる人々の多くは、死後の〈浄土〉往生に親鸞の思想を集約させてしまいました。これほど、親鸞とその思想にとって不幸なことはないのですが、残念ながら、そのような親鸞理解は、今日まで連綿と続いているようです。今日まで、多くの真宗者をうみ、教団を隆盛に導いてきたのも、実はこのような親鸞理解と無関係ではありません。

この世はむなしいもの、夢まぼろしの如《ごと》きものであり、死後の〈浄土〉こそ常住の国であり、そこに生を得ることが真実の幸福であると説きつづけられ、人々はあの世に夢を託しました。その人々の歴史が、今日の真宗を形成し、教団を隆盛に導きましたが、残念ながら、その教えは親鸞とはかなり異なったものといえます。（中略）

親鸞の宗教的世界は、そのような中途半端なものではないと、私には思われます。いや、むしろそのように死後の幸福に生涯をかけるといった浄土教的なありよう、いわば藤原期の浄土教的なあり方にクサビを打ち込んだのが親鸞の思想の特質だと私は思っています。来世を単純に肯定するような、現実軽視の浄土教的なあり方に対して、その誤りを説き、現実の信仰者としての生き方を問題にしたのが親鸞の思想でした。

その意味では、親鸞の浄土教は伝統的な浄土教のカラをつき破り、仏法を真の仏法に一歩近づけようとする新たなる浄土教をめざしたものといえるのではないでしょうか。死の仏教から、生の仏教へと転換させるような内実が親鸞の思想にはあると思います。（山崎龍明著『仏教の再生――親鸞不退への道』毎日新聞社）

ここに、今までとは違った仏教、厭世《えんせい》教（この世をあきらめる）ではなく、この世（現実）をいかに生きぬき、いのちを燃焼させることができるか、という新たな浄土教が誕生しました。

それは、いのちを終えた後に往生する「浄土」の否定などではありません。「浄土に往生するということは、いかなることであるのか」ということと、「浄土」はどのような世界であるのか、ということを明らかにしようとするものであったのです。

人間が誕生し、成長し、老い、病み、死んでゆく、それで人間は終わりではない、誕生以前の私があり、「死」以後の私がある。それが、親鸞聖人の仏教理解でした。

私たちのいのちの歴史は、誕生から始まるのではありません。オギャーという誕生が、私のいのちの始まりであるというのは、いのちに対してあまりにも不遜《ふそん》であると思います。誕生以前の私がたしかにあります。私たちのいのちの流れは、誕生日から始まるのではなく、それまでに何十億年という永い永いいのちの歴史があり、遠くさかのぼれば、人類の始まり（始源）以前にまで、たどりつくはずです。私は、かつてこのように書いたことがあります。


誕生、それはいのちのはじまり。

しかし、その時からいのちがはじまったのではない。

長い長い、いのちの歴史を担ってのこの世への誕生、いのちの歴史にごくろうさまといい、
いのちの誕生におめでとう、と言う。

（中略）

あいがたき人にあい、聞きがたき法《おしえ》にあう。

それは、自分自身との深きであいである。

信心をうるとは、私の獲得である。私への目覚《めざ》めである。

（中略）

信心とは、あらゆるものにトラワレ、縛《しば》られている私自身を解《と》き放つもの、人間の根源的解放をもたらす世界である。

そこに、大いなるやすらぎが生まれる。生きていく力が恵まれる。

往生はあらたなるいのちのはじまり、人間再生の世界である。

（山崎龍明著『今をたしかに生きるために』樹心社刊）


誕生は単なるいのちのはじまりではなく、この世にいのちが実を結んだ日です。同時に、死は単にいのちの終わりではなく、新たなるいのちのはじまりであるというのが、私が親鸞聖人から学んだ、人間の生と死です。

このような、いのちに対して、深く問いかけたのが親鸞聖人でした。人間の最後を「死」とみるのは医者の眼である、人間の死を「往生」とみるのが仏教者である、といったのは仏教者の児玉暁洋《ぎょうよう》氏です。

ここには、人間のいのちに対する深いまなざしがあります。この人生を終えて、それで終わるのではなく、そのいのちが帰る処《ところ》を持つ、それが、親鸞聖人の往生浄土の世界でした。

帰るところを持つ人生は、その人生の歩みにおいて、着実なものがあります。生きることの苦しみ、不安、焦燥（あせり）に、自己を失うことなく生きるのが、仏教者の世界です。このような生き方を親鸞聖人は「不《ふ》退《たい》の人生」（不退転）と表現しました。

私たちは、常にウロウロキョロキョロしながら、他人の顔色をうかがい、周囲を気にしながらオドオドと生きているのではないでしょうか。

私は私でしかない、私は私でよかったという現在地に立脚して、自らの人生を生ききるのが仏教に生きる者の生き方です。「随処《ずいしょ》に主《しゅ》と作る」（どこにいても私が私として生きていける世界の発見）という言葉もあります。

くいのない生き方

往生という語は国語辞典に必ず出ていますが、その意味は「極楽浄土に生まれること」と記されています。ここまではいいのですが、次に「にっちもさっちもいかないこと」「困りはてること」「いきづまること」と記されています。つまり、本来の正しい意味をはなれて、誤ったものとして使われ、それが一般化しています。

「他力本願」という語を「他人の助けによって目的を遂げること」「他人まかせ」という意味に理解する誤りと同じです。

親鸞聖人の「往生」とは、ただ極楽に生まれるというような、単純なものではなかったのです。それまでの「往生」とは文字通り、来世に極楽浄土に生まれるということだけを意味したものでした。

往生という語の基本的な意味は、

捨此往彼蓮華化生《しゃしおうひれんげけしょう》（此の土を捨てて、彼の土に往き、蓮華の中に生まれる）

というものです。これが、伝統的な浄土教というものの「往生」観です。つまり、「往生」とは、この土とはまったく無関係に、来世に、彼《か》の土に往くことでした。

「往生」を説く当時の僧侶たちは、例外なくこの道を説きつづけました。しかも、臨終の時に、仏やもろもろの菩薩方のお迎えを確認して眼を閉じることが「大往生」だといわれました。今は、ポックリ死ぬことが「大往生」だと信じられています。しかし、親鸞聖人はそのような理解を誤りだといったのです。

放送作家の永六輔《えいろくすけ》さんの著書『大往生』がベストセラーになったことがあります。実に軽妙なタッチで「老病死」が説かれています。氏は「往生」とは死ぬことではなく、往きて生まれることであると説き、そして、「死を目前にして、生まれてきてよかった、生きてきてよかったと思って死ぬことができるでしょうか。そう思って死ぬことを大往生といいます」と書いています。

私は、この本が本来の「往生」ということについてまったく書いていないから、多くの人々に読まれたのだと思います。この本が、仏教で説く「往生」の思想について触れていたらこれほど多くの人々には読まれなかったでしょう。皮肉といえば皮肉なことです。

しかし、氏の力量は大したものです。従来正面から触れようとしなかった「老・病・死」について、人々のホンネに即して語らせ、時には、川柳をもってそれをあらわすという手法が、多くの人々のこころをとらえたのでしょう。

しかし、再度述べるならば、ただ「生まれてきてよかった。生きてきてよかった」と思って死んでいくことが「大往生」という世界ではない、ということです。それではあまりにも不充分です。

好きなことをし、勝手に生きてきて思い残すことはないと死んでいった人に、私は多く接してきました。つまり、「生まれてきてよかった。生きてきてよかった」ということの中味、内実こそが大切なのです。そのことを問う営み、点検する営みが、教えに生きるということではないでしょうか。その営み、聞法《もんぼう》（法を問いたずねること）が、浄土に往生する道なのです。

だいたい、親鸞聖人に「大往生」という考えはありません。往生には大も、中も、小もないというのです。「往生」はひとつです。アミダ仏が説かれた人間救済の誓いは、あらゆる者を平等に浄土に往生させたい（根源の苦からの解放）というものでした。

このアミダ仏の誓いに信順《しんじゅん》し、教えに生きるものが、やがて浄土に往生することを「往生」というのです。親鸞聖人はここで、アミダ仏の教えに生きる人を「正定聚《しょうじょうじゅ》」の人といいます。それは「不退」（不退転）の位に入った人であるとも親鸞聖人はいいます。私は、あと戻りとゆきづまりのない人生といっています。

親鸞聖人は「私には臨終のよしあしなど問題ではない。信心のさだまるとき、往生（救い）もまたさだまるのである」（親鸞聖人の手紙第十六通）と言い切った人です。

つまり、往生とは単に「死を意味」するものではなく、生きている間、ここでこうしている間に真実の教えにあい、その教えと共に生きぬくことによって、いのちを育てはぐくむことであり、その延長上に往生（根源的解放）という世界が開かれるとしました。

二つの戸籍《こせき》をもつ人生

親鸞聖人の往生には、二つの側面があります。一つには即得往生《そくとくおうじょう》、二つには難思議往生《なんじぎおうじょう》です。言葉はむずかしいのですが、簡単にその内容を示しておきます。「即得往生」について親鸞聖人は次のようにいいます。

即はすなわちという語であり、時間をおかず、日数をもへだてないという意味です。また、即という語はつくという意味であり、そのくらい（不退の位）にさだまり、つくということです。得という語は、まさに、うべきことをすでに得たという語です。真実信心をうれば、すなわち無碍光仏《むげこうぶつ》（アミダ仏）のみこころのうちに、おさめとってすてないということです。（中略）アミダ仏のみこころにおさめとられるとき、すなわち、時間も、日にちもへだてずに正定聚のくらいにつくことを、往生をうるというのです。

（『唯信鈔文意』現代語訳、傍点筆者）

つまり、正定聚《しょうじょうじゅ》不退の位《くらい》（信心の生活）につくことを「往生」をうるというのであると示しています。

また、「即得往生とは、信心をうる時、直ちに往生するということで、直ちに往生するということは、不退の位に住することであり、不退の位に住するということは、そのまま正定聚の位に定まることです。等正覚《とうしょうがく》（さとりに等しい）の位になるともいいますが、これを即得往生というのです」（『唯信鈔文意』現代語訳）とも示しています。

この意味においては、「往生」とは、真実を得た人の得る位であったといってもよいと思います。

親鸞聖人においては、今この土をいかに生きるかということが、最大の関心ごとでした。言葉をかえていえば、「よく生きることがよく死ぬことにつながり」「よりよき死のためには、よく生きなければならない」というのが、親鸞聖人の生きた世界でした。

そのような生き方を「正定聚の人生」と私はいっています。「即得往生」の人というのは、このような人生と世界を生きる人です。

次に、親鸞聖人は「往生」を「難思議往生」といっています。この往生は、「臨終一念の夕《ゆうべ》、大般涅槃《だいはつねはん》を証するなり」といっているように、いのち終えた時にアミダ仏の浄土（自然《じねん》の世界）に生まれることを「往生」といい、そこで真のさとりを開く（成仏《じょうぶつ》）というのが、親鸞聖人の「往生」の思想です。

浄土（仏国土、清浄、無差別の世界）はこの世ではなく、成仏もこの世で果たすのではないというのが、親鸞聖人の基本姿勢でした。このことの意味するところはとても深いものがあります。

親鸞聖人の往生思想については、さまざまな理解・誤解があります。つまり、浄土往生とはこの世で信心をうる時のことであり、来世のことではない、この世のことであると理解する人が多く見られます。

その根拠は、先にみた「即得往生」の理解によっています。このような理解は大変わかりやすいものですが、親鸞聖人の思想、信仰を考える時、誤りであるといえます。

親鸞聖人の世界からいえば、この土はあくまで穢土《えど》（差別、争いなど）であり、この身はどのような立派な信仰生活をしようとも「煩悩具足《ぼんのうぐそく》」（いかり、はらだち、そねみ）のこの身です。このことに深い目覚《めざ》めをうながすもの、それがアミダ仏の教えです。

浄土（清浄の世界）↕穢土（不浄・差別・争乱の世界）

仏　（覚　者）↕凡夫《ぼんぶ》（迷いの存在）

という関係は、隔絶《かくぜつ》しているものでありながら、絶対の隔絶ではなく、アミダ如来によって包摂《ほうせつ》されているという関係です。

仏教者安田理深《りじん》師は、「念仏者は浄土と穢土に二重の戸籍を持つものである」と言いました。その意味は、こうです。私たちには戸籍がありますが、もう一つの戸籍とは一体なんでしょうか。氏は「浄土」の戸籍であるといいます。「浄土」に戸籍があるというと誤解されるかもしれませんが、一口でいえば、この土において仏教（アミダ仏の教え）と共に生きている、ということです。

この世の戸籍だけに生きる者の人生には限界があります。この世の戸籍だけで生きている人は、人生の苦悩につきあたった時、方向を見失ってしまいます。苦悩をしっかりとみとどけ、乗り越える世界は、仏教であるということです。

二重の戸籍とは、この身を穢土において生きぬくには、この穢土（現実）を生きぬく、よりたしかな真実《まこと》・いのちの依《よ》りどころがなければならず、それは、浄土＝真実なるものの獲得、氏によればアミダ仏の教えに生きるということなのです。

人間は、ともすると、「この世」（穢土）を絶対化したり、逆に、彼《か》の土（浄土）を単純に絶対化したがる存在です。前者は、世俗埋没主義であり、後者は、厭世主義（来世主義）です。真の仏教とはそのような世界ではないと親鸞聖人はいうのです。

穢土（この土）は差別・争いの土ですが、同時に仏教の教えにであう大切な場であり、その人が教えの導きによって還《かえ》るところが「自然《じねん》の浄土」であるというのが親鸞聖人の理解でした。つまり、「浄土」はいのちを終えて後、はじめて意味を持つものではなく、この世・穢土の生き方を映しだし、私たちの生き方を導くものが「浄土」(真実)なのです。それは、アミダ仏の智慧《ちえ》をこの身にたまわるということなのです。

このような世界を、浄土と穢土の二重戸籍というのです。世俗の世界の只中にありながら、俗をこえた世界とであっていい、ている。この世界には行き詰まりがありません。道を歩いていると、ときおり「行き止まり」の標識にぶつかります。うっかり見落として、車がその道に入ってしまったら、とんでもないことになります。にっちもさっちもいかない。これが行き詰まりです。私たちはなんとかいのちの行き詰まりを避け、開かれた世界に生きたいものです。

第二章などで学びましたが、生・老・病・死・愛別離苦《あいべつりく》・怨憎会苦《おんぞうえく》(いやな人とも会わなければならない苦しみ)・求不得苦《ぐふとっく》(欲しいものが手に入らない苦しみ)・五蘊盛苦《ごうんじょうく》(存在そのものが苦しみ)といった、さまざまな苦しみの中で、いつも私たちは行き詰まっています(穢土の戸籍の限界)。

なぜ行き詰まるのか。それは、私たちが常に若さ・健康・いつまでも生きたい・好きな人と別れたくない・いやな人の顔は見たくない・あれも欲しい・これも欲しい・いつも楽をしていたいといった思いのとりこになっているからではないでしょうか。

この誤り、迷いに深い目覚《めざ》めをあたえるものが、アミダ仏の真実《まこと》（いのちの道理）です。「浄土」に戸籍を持つ者とは、さまざまな日常の苦しみの中にありながら、この道理に目覚めた生き方をしている者です（浄土の戸籍）。

穢土（迷い）にいながら、浄土（真実《まこと》）にかかわりを持つ。生き死にの迷いの世界にいながら、迷いを見届けている。それが仏教の世界であり、親鸞聖人はこの人を菩薩《ぼさつ》と呼んでいます。信心を得た人は菩薩であり、この人が人生をまっとうするとき、浄土に往生することができるというのです。

浄土とは自然《じねん》の世界です。いのちを終えてのちに「私自身」が往くべきところです。浄土を「帰依処《きえしょ》」（いのちのよりどころ）というのも、このような意味です。教えに導かれながら、この世を精一杯生きぬき、いのちを燃焼させて、還《かえ》るべき処に還る人生は、素晴らしい人生といえないでしょうか。

自然というは弥陀《みだ》の国なり

親鸞聖人は、「仏にしたがいて、逍遙《しょうよう》して自然に帰る、自然というはすなわち弥陀《みだ》の国なり」（『教行信証』真仏土巻《しんぶつどかん》）といいます。アミダ仏の世界に往生するということは、自然の世界に還ることなのでした。

しかし、それは、いのちの終わりではなく、新たないのちの始まりでした。なぜなら、この世で苦しむ人々のために、その世界から救済のために還《かえ》ってきて、多くの人々を救うはたらきをするのであると親鸞聖人はいいます。

教えと共にこの土を生きぬき、仏教者として、正定聚不退《しょうじょうじゅふたい》の人生（たしかな人生）を生きる。この道を親鸞聖人は往相《おうそう》といいました。そして、浄土に生まれると同時に仏に成り、この土に還《かえ》って、人々の救済活動にしたがう。これを還相《げんそう》といいました。

この往相、還相のはたらきが、この私に恵まれる。これを仏よりの恵み、回向《えこう》（回施）といいます。親鸞聖人は『教行信証』冒頭に、

つつしんで浄土真宗を按《あん》ずるに二種の回向あり、一つに往相、二つには還相なり。

と示しています。

このいのちがつきた時に、自然の報土《ほうど》（浄土）に還ることを往生（難思議往生——一切の営み、はからいを離れた空なる世界へ還ること）と示したのが親鸞聖人です。

しかし、往生とは、単に死んでからのことではなく、この土において、浄土（真実）か

らのはたらきかけである教えにあい、よりよき人生を生きるところから、すでに始まっているのです。

「よりよき生は、よりよき死」を実現する。そして、「よく生きること（いのちの燃焼）が、よく死ぬことにつながる」というのが、親鸞聖人の世界であったと私は領解《りょうげ》しています。

親鸞聖人は「信心の人のこころ、常に浄土に居《こ》す」といっています。それは、信心の人は浄土にいるということではありません。教えに生きる人の「こころ」は、すでに「浄土」（真実）の「こころ」を獲得している人である、ということです。

その「こころ」で「穢土」を生きるから、「穢土」（世俗）のいつわり、私たちの生き方、営みの一切が真実ではないということがみえてきます。親鸞聖人の言葉でいえば「そらごと、たわごと、まことあることなき」（嘘、偽《いつわ》りのみで真実がない社会）現実が、きちんとみえてくるということです。素晴らしい生き方です。このような生き方をする人を、仏教者というのです。浄土の光（仏の智慧）に導かれて生きる人であるといってもよいと思います。

親鸞聖人の多くの『和讃《わさん》』（詩）の中にあって、いささか異質なものであるといわれ、正統的な書物（聖教《しょうぎょう》）にはあまりみられない次の『和讃』を掲げておきます。これは、仏教者の生き方とよろこびを示したものとして、私が好み、特に注目するものです。

超世《ちょうせ》の悲願《ひがんき》聞きしより
われらは生死《しょうじ》の凡夫《ぼんぶ》かは
有漏《うろ》の穢身《えしん》はかわらねど
こころは浄土にあそぶなり

(アミダ仏の救いの教えを聞いていても、私は相変わらず迷いだらけの人間です。したがって、煩悩、感情むきだしの私自身ですが、教えによって開かれた私のこころは、常にアミダ仏の教えによって導《みちび》かれています)

有漏の穢身(穢土の戸籍、誤りだらけの身)の私が、浄土に遊ぶ(浄土の戸籍、よろこびの世界を生きる私となる)とは、何と明るく大らかな世界ではないか、という『和讃』です。

そして、肉体の縁がつき、自然の浄土に生まれる時を成仏《じょうぶつ》(人間の成就)というのです。ここに救いが完成する。これを往生成仏《おうじょうじょうぶつ》と親鸞聖人はいいます。

「よりよき生」(信の生活)と「よりよき死」(往生、いのちの再生)の獲得こそ、親鸞聖人の往生思想の全体であるといってもよいと考えます。

往生の思想とは、自己がいかに生くべきか、また、死することができるか、という問題を真剣に考える時、私たちに人生の課題として迫ってくるものです。

私自身の生き方と死を問いかけないかぎり、往生の問題は私自身の問題とはならないのです。信仰とは、私はこの人生をどのように生きるべきなのか、と深く謙虚に問いかけるところから、その扉が開かれる世界であると私は考えます。

親鸞聖人はそのことを九十年の生涯をかけて問いつづけた求道《ぐどう》の人でした。生涯一求道者として仏《ぶつ》の真実を仰ぎ求めた人でした。その姿勢が今もって多くの人々を魅《ひ》きつける理由ではないかと私は考えます。いつの時代であっても自己と他のいのちを愛し、ひたむきに生きる人には深い魅力があります。

付　『歎異抄』について

永遠のベストセラー、東洋の聖書などともいわれる『歎異抄《たんにしょう》』は、親鸞聖人の若き朋《とも》、唯円《ゆいえん》（一二二二―一二八九？）が親鸞聖人から直接聞いた教えのかずかずを前半の十条に示したものです（昔の学者は師訓篇《しくんへん》―師のいましめ―といっています）。

そして、後半の八条では、当時の関東念仏集団における異義をとりあげて、その誤りを悲しんでいます（異義篇といわれています）。

ここでは、前半十条の内容を簡単に要約しておきましょう。

序文　親鸞聖人の教えと異なった教えがはびこっていることを歎き、自分勝手な信仰理解でアミダ仏の教えをゆがめてはならないことを強調しています。

第一条　親鸞聖人の教えの本質をアミダ仏の「本願」「信心」「往生」の三つに示し、人間は真実なるもの（アミダ仏）の呼びかけによって目覚《めざ》めの生活を営むことが大切であることを示しています。念仏とは、真実なるものとのであい、であいがもたらす感動であり、謝念であることも示されています。

第二条　信仰は、自己自身が、生き方の中でその真実性を確認していくもので、そのたしかさを他人に求めることは誤りであることを示しています。また、学問と信仰（信心）との領域の違いもきびしく述べられています。

第三条　悪なる自己である、という深い自己認識を持つ者こそ、アミダ仏の本願によって救われていく第一の対象であることを示し、アミダ仏の大慈悲心は、悪なる者、疎《そ》外《がい》された者にこそ一層力強くはたらきかけることを示しています。ここには、倫理や道徳をはるかに超えた信仰の世界が示されています。

第四条　人間愛にはどうしても超えられない限界があり、真実の愛（慈悲）とは、その限界を経験したところから開かれてくることを示しています。

第五条　念仏はなき父母のために称《とな》えるものではない、という親鸞聖人の明晰《めいせき》な宗教観が示されています。念仏が祖先崇拝の道具となっていることの誤り、父母だけでなくいのちはすべてつながりあっているものである、という仏教の生命観もこの条に示されています。

第六条　他人（いのち）を私物化することの誤りをするどく指摘し、仏教者は、共にみな真実のアミダ如来《にょらい》の弟子であることを述べています。師匠ぶって他人を弟子扱いすることの不当性に対して、きびしく批判しています。

第七条　仏教者は、アミダ如来の真実に信順《しんじゅん》して生きるとき、なにものにも妨げられない自在の大道を歩くことができ、さまざまな迷心（信）・習俗などに恐れを抱かずに生きられることが示されています。

第八条　念仏の教えというものは、私自身の実践「行《ぎょう》」でも「善」(よき行ない)でもなく、ひとえにアミダ仏から恵まれるものであるという、念仏がアミダ仏のはたらきそのものであることを示しています。

第九条　信仰の喜びがない、と告白する唯円に対して、本来、喜ぶべきことを喜ばず、どうでもいいことばかりを喜んでいるところに人間の実相があることを示しながら、その人間そのものを悲しみ、いつくしみながら救うのがアミダ仏の教えであることを示しています。

第十条　私たち人間の知性・経験などすべてのはからい（自己中心性）を超えたものが、アミダ仏の教えですから、私たちが自分勝手にあれこれと解釈することは適切ではありません。

この前半十条が、親鸞聖人の言葉として、若き同朋《どうぼう》、唯円によって示されていますが、私たちはこれらの言葉の中に、歴史を超えた、今日の人間の問題を看取するのです。すぐれた古典は、常に現在性を持っています。単に古いというだけでは、人間の心をとらえることはできないでしょう。『歎異抄』が永遠の古典といわれるのも、そこに、時代を超えた、歴史を超えた人間のさまざまな問題が明らかにされているからであると、私はかねがね思っています。

私はこの書を通して、こんにちまで多くのことを学んできました。人間について、宗教について、教育について、人間の愛について等々です。読むたびに、さまざまな問いがつきつけられる、『歎異抄』とは、実に魅力的な書物です。是非一度お読み下さい。

（第三章は『親鸞入門』前田専学、山崎龍明編の中から三項目をえらび、大幅な加筆訂正を試みたものです。転載をおゆるしいただいた永田文昌堂主に厚く御礼申しあげます）

親鸞・恵信尼《えしんに》略年譜

西暦	和暦	年齢	関係事項
一一七三	承安三		親鸞、誕生。
一一七五	安元元		法然（四十三歳）、専修念仏を唱える。
一一八一	養和元	9歳	親鸞、慈円のもとで得度。
一一八二	寿永元		恵信尼、誕生。
一二〇一	建仁元	29歳	親鸞、六角堂に参籠、救世《くせ》観音《かんのん》の示現《じげん》を得て、法然（六十九歳）に入門。専修念仏《せんじゅねんぶつ》に帰入。
一二〇四	元久元		親鸞、法然の七箇条制誡《せいかい》（起請文《きしょうもん》）に僧綽空《しゃっくう》と署名する。
一二〇五	元久二		（このころ、親鸞、結婚、息子・慈信坊〈善鸞〉が誕生という説もある） 親鸞、法然より『選択本願念仏集《せんじゃくほんがんねんぶつしゅう》』を受ける。法然の真影《しんねい》を描くことを許される。親鸞、綽空の名を善信と改める。
一二〇七	承元元	35歳	（このころ、親鸞と恵信尼結婚という説もある） 専修念仏が停止され、法然一門が断罪される。親鸞、越後国国府《こくふ》に流され、妻恵信尼（二十六歳）も同行。
一二〇九	承元三		（このころ、親鸞と恵信尼結婚という説もある）
一二一一	建暦元		息子・信蓮坊誕生。親鸞、流罪を赦される。
一二一二	建暦二		法然没す（八十歳）。
一二一四	建保二	42歳	親鸞一家、越後を去り、この頃関東に入る（恵信尼三十三歳）。以後およそ二十年間、主として常陸国《ひたちのくに》において念仏布教に努める。

*事項は主に『浄土真宗聖典』年表の記述にしたがった

一二一五	建保三		このころ、恵信尼、夫親鸞が観音の化身《けしん》であるという夢をみる。
一二二四	元仁元		末娘・覚信尼誕生。延暦寺の衆徒《しゅと》、鎌倉幕府、専修念仏を禁止。
一二三一	寛喜三	59歳	親鸞、病に臥《ふ》す。建保二年の「三部経」千部《せんぶ》読誦《どくじゅ》の思いを語る。
一二三四	文暦元		このころ、親鸞、この頃帰洛《きらく》を決意。鎌倉幕府、専修念仏を禁止。
一二三五	嘉禎元	62歳	親鸞、妻子を稲田に残して帰洛（恵信尼五十四歳）。
一二四二	仁治三		定禅、親鸞の真影を描く。
一二五〇	建長二		親鸞、覚信尼に「三つの夢」を記した書状を送る。
一二五二	建長四		親鸞、常陸国の門弟に書状を送り、異端の信仰に傾くことを戒《いまし》める。
一二五四	建長六		（このころ、恵信尼、越後に帰るという説もある）
一二五五	建長七		朝円、親鸞の真影（安城御影《あんじょうみえい》）を描く。
一二五六	康元元	84歳	親鸞、息子・善鸞に義絶状を送る。関東の門弟・性信にも義絶の次第を書き送る。恵信尼、娘覚信尼あてに使用人を譲る旨《むね》の手紙を送る。このころ、親鸞、数々の著作をあらわす。
一二六〇	文応元		親鸞、飢饉《ききん》・疫病《えきびょう》のために死者が多いことを嘆く手紙を関東の門弟・乗信に送る。
一二六一	弘長元		恵信尼病む。
一二六二	弘長二	90歳	十一月二十八日、親鸞往生。十二月、覚信尼、親鸞の往生を母恵信尼に手紙で知らせる。
一二六三	弘長三		恵信尼、親鸞を回顧《かいこ》する手紙を覚信尼にあてて記す。
一二六八	文永五		このころ、恵信尼（八十七歳）往生。

（山崎龍明著『妻恵信尼からみた親鸞』(上) NHK出版より、加筆）

仏教・親鸞を学ぶための参考図書

●仏教全般に関するもの（入門編）

『ブッダのことば・スッタニパータ』中村元《はじめ》訳、岩波文庫
『ブッダ最後の旅——大パリニッバーナ経』中村元訳、岩波文庫
『仏弟子の告白・テーラガーター』中村元訳、岩波文庫
『尼僧の告白・テーリーガーター』中村元訳、岩波文庫
『原始仏教』中村元著、ＮＨＫブックス
『仏教入門』岩本裕著、中公新書
『学生のための仏教入門』花山勝友著、中山書房
『釈尊の道』小山《おやま》一行著、山喜房
『釈迦』松原哲明著、集英社
『仏教入門』三枝充悳《さえぐさみつゆき》著、岩波新書
『ブッダの世界』中村元編、奈良康明・佐藤良純著、学習研究社
『仏教誕生』宮元啓一著、ちくま新書

●現代人と仏教に関するもの

『新しい仏教のこころ』増谷文雄著、講談社現代新書
『現代人のための仏教』平川彰著、講談社現代新書

●学術的なもの

『ゴータマ・ブッダI、II——釈尊の生涯』中村元選集十一・十二、春秋社
『インド仏教史』全二巻、平川彰著、春秋社
『大乗仏典』十五巻、長尾雅人・梶山雄一監修、中央公論社
『ゴータマ・ブッダ』早島鏡正著作集9、世界聖典刊行協会
『親鸞全集』六巻、石田瑞麿編、春秋社

●その他

『大乗経典を読む』定方晟《あきら》著、講談社現代新書
『お経の話』渡辺照宏著、岩波新書
『日常仏教語』岩本裕著、中公新書
『空と無我——仏教の言語観』定方晟《あきら》著、講談社現代新書
『輪廻と解脱——苦界からの脱出』花山勝友著、講談社現代新書
『仏教の再生』山崎龍明著、毎日新聞社
『親鸞入門』前田専学・山崎龍明編、永田文昌堂
『歎異抄に学ぶ大乗仏教入門』本多静芳著、国書刊行会
『歎異抄を生きる』山崎龍明著、大法輪閣
『歎異抄を語る』（上・下）山崎龍明著、ＮＨＫ出版

著者紹介

山崎龍明（やまざき　りゅうみょう）武蔵野大学教授。主著『親鸞論攷』永田文昌堂、『NHKこころの時代〜宗教・人生〜歎異抄を語る上・下』NHK出版、『仏教の再生――親鸞・不退への道』大法輪閣／本書の執筆担当…監修、第一章一、二、三、四、ゴータマ・ブッダの言葉抄、ゴータマ・ブッダ略年譜、親鸞・恵信尼略年譜、仏教・親鸞を学ぶための参考図書、第三章三、四、付。

西本照真（にしもと　てるま）武蔵野大学教授。主著『三階教の研究』春秋社、『中国仏教研究入門』共著・大蔵出版／本書の執筆担当…第二章一、二、三、四、五、六。

高橋審也（たかはし　しんや）武蔵野大学准教授。主著『原始仏教の世界』共著・東京書籍、『親鸞と現代』共著・築地聖典刊行会／本書の執筆担当…第一章五、第二章付一、第三章一。

本多静芳（ほんだ　しずよし）元武蔵野大学助教授。主著『歎異抄に学ぶ大乗仏教入門』国書刊行会、『いのち、見えるとき』法藏館／本書の執筆担当…第二章七、八、付二、第三章二。

あとがき

私が教員になったのは二十八歳の時でした。生徒たちとよく遊び、学び、ときには一緒に悪いこともしてきました。教員である私にとって一番の悲しみは若い人の「死」です。教員として葬儀に参列しても、まともな言葉ひとつご遺族にかけられない自分に落胆します。そしてその一人の人間の「死」がどれほど多くの人々を悲しませ、また傷つけるものであるかということもあらためて知らされました。自分を支えきれずに自ら「死」を選びたいと思うこともあるでしょう。生きていくよりも「死」を選んだ方がどれだけ「楽」かと考えることも私たちにはあります。生きるということは、それだけ辛いことです。

しかし私のいのちはかぎりない昔からつながりあっています。縁《えん》によって親子、兄弟姉妹、夫婦、友人といったつながり（縁）の中で生きています。私のいのちは、私だけのいのちではなく、恵《めぐ》まれたものです。恵まれたこのたったひとつの私のいのちを燃焼させ、まわりの人にほんの少しだけでもお返しできる生き方ができたら素晴らしいですね。本書が少しでもそのお役に立つことができれば幸いです。ご一読いただきご批判等をいただければ幸甚です。

二〇〇七年四月八日

山崎龍明

いのちは誰《だれ》のものか――仏教思想に人間を問う

発行日……2007年4月10日　初版第1刷
2007年7月20日　初版第2刷
著者………山崎 龍明，西本 照真，高橋 審也，本多 静芳
発行………武蔵野大学出版会
〒202-8585　東京都西東京市新町1-1-20 武蔵野大学構内
Tel 042-468-3003　Fax 042-468-3004
印刷所……株式会社共進（本文），凸版印刷株式会社（カバー・表紙）
製本所……有限会社篠崎製本
装幀………パワーハウス
組版………釋 雲心

ISBN978-4-903281-06-3

武蔵野大学出版会ホームページ http://www.m-you.hello-net.info/syuppan